El ABC Para Salir de las Deudas

Convierta Su Deuda Mala en Deuda Buena y el Crédito Malo en Crédito Bueno

GARRETT SUTTON, ESQ.

El ABC Para Salir de las Deudas

Convierta Su Deuda Mala en Deuda Buena y el Crédito Malo en Crédito Bueno

GARRETT SUTTON, ESQ.

Publicado por RDA PRESS, LLC.

Asesores Rich Dad, B-I Triangle, CASHFLOW Quadrant y otras marcas de Rich Dad son marcas registradas de CASHFLOW Technologies, Inc.

RDA Press LLC
15170 N. Hayden Road
Scottsdale, AZ 85260
480-998-5400
Visit our Web sites: RDAPress.com and RichDadAdvisors.com

Impreso en Los Estados Unidos de América

Primera edición: noviembre de 2004
Primera edición de RDA Press: junio de 2012
Primera edición española de RDA Press: April 2014

ISBN: 978-1-937832-56-8

Lee El Libro Que Lo Inició Todo

Robert Kiyosaki ha desafiado y cambiado cómo piensan decenas de millones de personas acerca del dinero en todo el mundo. Con perspectivas que suelen contradecir la sabiduría convencional, Robert se ha ganado una reputación como alguien directo, irreverente y valiente. Es considerado un defensor apasionado de la educación financiera a nivel mundial.

Padre Rico Padre Pobre...

- Destruirá el mito de que necesitas mucho ingreso para volverte rico

- Desafía la creencia de que tu casa es un activo

- Muestra a los padres por qué no pueden confiar en el sistema educativo para enseñar a sus hijos sobre el dinero

- Define de una vez por todas qué es un activo y qué es un pasivo

- Enseña qué enseñarle a tus hijos sobre el dinero para su futuro éxito financiero

Padre Rico Padre Pobre — ¡El Libro de Finanzas Personales #1 de Todos los Tiempos!

¡Ordena hoy tu libro en *richdad.com*!

Agradecimientos

En primer lugar me gustaría agradecer a Gerri Detweiler, nuestra editora, por sus valiosas contribuciones y conocimientos especializados que mejoraron significativamente el contenido de este libro. También quiero agradecer a Brandi MacLeod por todo su esfuerzo para dar forma, revisar y sacar adelante el manuscrito. Igualmente, quiero agradecer a Robert y Kim Kiyosaki, Scott Bilker y Tom Quinn por sus anécdotas e ideas. A todos ellos, sus aportaciones son muy valoradas.

Finalmente, me gustaría agradecer a los productores, directores y a los chicos de utilería de Universal Pictures de la película *Wanted* (Se busca), protagonizada por Angelina Jolie y Morgan Freeman. Que hayan elegido este libro para ayudar a dar forma al personaje de James McAvoy, fue una chispa genial de reparto.

Los libros de mayor venta en la serie Asesores Padre Rico

por Blair Singer

Vendedores Perros
No necesitas ser un perro de ataque para tener éxito en las ventas

El Código de Honor de un Equipo
Los Secretos de los Campeones en el Negocio y en la Vida

por Garrett Sutton, Esq.

Inicie Su Propia Corporación
*La razón porque los ricos tienen sus propias empresas
y los demás trabajan para ellos*

Como Diseñar Planes de Negocios Exitosos
*Cómo preparar un plan de negocios para que inversionistas
lo lean e inviertan en él*

Cómo Comprar y Vender un Negocio
Aprende a Ganar en el Cuadrante de Negocios

El ABC Para Salir de las Deudas
Convierta su deuda mala en deuda buena y el crédito malo en crédito bueno

Dirige Tu Propia Corporación
*Cómo Operar Legalmente y Cuidar de Forma Adecuada Tu
Compañía hacia el Futuro*

Contenido

Prólogo
Robert Kiyosaki

Amo mis tarjetas de crédito

A finales de 1980, fui a un seminario de éxito financiero. El instructor, un orador joven y carismático, habló y hablé de los peligros de la deuda, diciendo en repetidas ocasiones: "La deuda es mala. La deuda es tu enemigo. Sal de tus deudas tan pronto como puedas". Observando a la gente en el salón, aproximadamente cincuenta personas, noté que la mayor parte de las cabezas asentían.

Justo antes del descanso, el joven orador pregunto: "Muy bien, ¿están listos para cortar los lazos con su deuda?" La mayoría de los asistentes asintió. "Si están listos para romper con los lazos, póngase de pie, saquen sus tarjetas de crédito y sosténganlas en alto donde todos podamos verlas". Casi todos se levantaron de inmediato, mientras que otros como yo, volteaban a ver si todos iban a seguir las instrucciones. Lentamente todos nos pusimos de pie. Me dije, como ya pague e invertí mucho tiempo, quizá lo mejor sea seguir con el proceso a ver que puedo aprender. Mientras sostenía mi tarjeta oro frente a mí, una sonriente asistente me dio unas tijeras. Cuando las tomé, ya sabía lo que ocurriría a continuación. "Muy bien, ahora corten sus tarjetas de crédito a la mitad". Cuando escuché el sonido de la tijera cortando el plástico alcancé a percibir algunos gritos de shock, gemidos, incluso gente llorando. Después de cortar mi tarjeta por la mitad, me quedé parado ahí en silencio, como adormecido, esperando que algún tipo de iluminación me sacara de ese estado. Nada parecido ocurrió.

A pesar de que había tenido problemas con mis tarjetas de crédito a finales de los sesenta, cuando mi negocio de carteras de nylon y belcro se hundía, logré eventualmente limpiar mis deudas y usar mis tarjetas de crédito de manera responsable; por lo tanto no tuve la misma reacción catártica que algunas personas en el salón al cortar sus tarjetas por la mitad.

En menos de una semana, mi tarjeta de reposición llegó por correo y ahí estaba yo muy contento con mi tarjeta otra vez. Si bien no obtuve un gran conocimiento después de haber cortado mi tarjeta de crédito, si pude darme cuenta del gran problema que resultaba ser el crédito, por su uso y abuso. Hoy en día veo a los grandes expertos diciendo las mismas cosas que aquel joven instructor años atrás, cosas como: "salga de sus deudas". "Corte sus tarjetas de crédito". "Ponga sus tarjetas de crédito en el congelador". El problema que tengo con muchos de esos consejos es que tienden a culpar a la tarjeta en lugar de culpar a la falta de control y de educación financiera de quien usa la tarjeta. Culpar a la tarjeta de crédito de los problemas financieros es como culpar al palo de golf de mi puntuación.

El crédito y la deuda son temas muy importantes en la vida de todos. Actualmente, la gente joven, aún en la escuela, ya está solicitando su tarjeta de crédito, lo que con frecuencia hace que me pregunte, ¿por qué no enseñamos a los jóvenes en la escuela acerca del dinero? ¿por qué tenemos que esperar a que los jóvenes tengan grandes deudas o las deudas de los préstamos de la escuela antes de darnos cuenta de que hay un problema? Si preguntas a la mayoría de los jóvenes: "¿Cuál es la diferencia entre crédito y deuda?" Dudo que muchos puedan responder, y aún así dejamos que los especuladores financieros eduquen a nuestros jóvenes.

La deuda de los consumidores en los Estados Unidos y en otros países del mundo ha explotado. En 1990 la deuda de tarjetas de crédito era de 200 mil millones. En 2008 subió a más de 957 mil millones, y ahora se ha ajustado un poco debajo de los 800 mil millones de dólares, todavía un número enorme. Esto no incluye la deuda nacional –los Estados Unidos es el mayor deudor del mundo– ni la deuda que tienen muchas instituciones financieras. Como sabemos, el crédito fácil no puede seguir para siempre. Cuando el mundo reclama sus préstamos, cuando la gente y las organizaciones no son capaces de pagar sus cuentas y el crédito escasea, aparece un enorme problema financiero, que en última instancia afecta los saldos individuales de nuestras tarjetas de crédito.

¿Así que la deuda y el crédito son malos como muchos expertos dicen? Claro que no. La deuda y el crédito son poderosas herramientas financieras que han permitido que muchas personas disfruten de los más altos estándares de vida en la historia. Sin la deuda y el crédito, no tendríamos grandes ciudades, enormes industrias, líneas aéreas que nos llevan a todo del mundo, resorts para relajarnos, excelente comida en maravillosos restaurantes, autos nuevos, hogares cómodos, y muchas opciones de entretenimiento.

Así que si la deuda y el crédito no son malos, ¿entonces qué pasa? En mi opinión, la falta de educación financiera y de responsabilidad fiscal son malas. Creo que fue terrible que la generación de mis padres, la generación de la segunda guerra mundial haya dejado esta enorme deuda a mi generación; y mi generación la generación de Vietnam ha hecho lo mismo por nuestros hijos, en otras palabras, mientras que el abuso de la tarjeta de crédito es irresponsable, la enorme deuda que cada generación pasa a la siguiente lo es aún más.

Cómo es que la gente del nuevo milenio va a pagar por la irresponsabilidad fiscal de varias generaciones, no lo sé. Una manera de pagar esta deuda es seguir extendiendo el crédito y alentar a la gente que siga gastando más y más. La revista *Time*, en su edición del 28 de junio de 2004, publicó un artículo de cómo ahora algunas escuelas llevaban a los niños de excursión a centros comerciales, concesionarios de autos, supermercados, y pabellones de comida rápida, ¿por qué? Una razón es que nuestras escuelas, que ya tienen problemas de liquidez, no pueden enviar a los niños de excursión a zoológicos, museos o eventos culturales. Sin embargo muchos negocios están dispuestos a pagar excursiones para preparar a los nuevos clientes mientras aún estos están en la escuela. En otras palabras, mientras que sigamos consumiendo y usando nuestras tarjetas de crédito para adquirir deuda, la economía crecerá y las cuentas de generaciones pasadas serán saldadas. Esto quizá es bueno para los negocios, y mantendrá nuestra economía de crédito a flote, pero para mí suena riesgoso y fiscalmente irresponsable.

La buena noticia es que, si bien la mayoría de nosotros no puede controlar la irresponsabilidad nacional, sí podemos tener el control de nuestras propias finanzas. Una de las lecciones más importantes que papá rico me enseñó fue la sabiduría de distinguir entre deuda buena y mala. En palabras llanas, papá rico dice, "la deuda buena te hace rico y la deuda mala te hace pobre". Desafortunadamente, la mayor parte de la gente que cortó sus tarjetas de crédito en el seminario de finanzas solo tenía deuda mala. Aún más triste fue que el instructor solo conocía la deuda mala. No tenía idea de que también existe la deuda buena. Para él, toda la deuda era mala. La mala educación financiera es la causa de una mala administración financiera.

Una de las causas por las que este libro es importante es porque resulta esencial ser responsable financieramente y usar el poder de nuestro crédito de manera inteligente. Antes de que lea este libro me gustaría darle tres informaciones clave que papá rico me enseñó años atrás:

1. *La deuda mala es más fácil de adquirir que la deuda buena.* Si alguna vez ha intentado obtener un crédito para comprar una propiedad o empezar un negocio, sabe entonces lo difícil que resulta conseguir un préstamo para invertir. Pero, si desea un préstamo para auto o una tarjeta de crédito nueva, el crédito, la deuda y el dinero son fáciles de conseguir, aún si su historial de crédito es horrible.

2. *La deuda mala hace más difícil adquirir deuda buena.* Si tienes demasiada deuda mala, y desea aprovechar el poder de la deuda y el crédito de manera inteligente, como empezar un negocio o invertir en una propiedad, la deuda mala hace que sea complicado para usted adquirir deuda buena y por lo tanto volverse rico. Una de las razones por las que este libro es importante, es que deshacerse de la deuda mala es un paso importante para convertirse en alguien más rico y más libre financieramente.

3. *Los deudores pueden enriquecer más rápido que los ahorradores.* Muchas personas creen que ahorrar es mejor que endeudarse. De hecho, conozco mucha gente que ahorra dinero para salir de sus deudas, cuando en realidad son ellos quienes se rezagan, no así los que piden préstamos y adquieren deuda.

Permítame un ejemplo para explicar esta última afirmación. En 2002, mi esposa Kim, compró un edificio comercial en aproximadamente ocho millones de dólares. Pago un millón y pidió prestados siete. El pago inicial provino de los bienes acumulados en sus otras inversiones así que, técnicamente, la compra de ocho millones fue una inversión mínima.

Esta inversión, por sí sola, genera aproximadamente $30,000 dólares al mes para su bolsillo. Hay muchas personas que no ganan eso en un año, pero su compañía lo gana al mes.

Para la gente ahorradora y con aversión a la deuda, les pregunto: "¿Cuánto les tomaría ahorrar 7 millones?" Para casi todos ahorrar esa cantidad queda fuera de su realidad. Y después le pregunté a Kim, ¿cuánto tiempo tardó el préstamo de los 7 millones? Su respuesta fue: "Aproximadamente dos semanas, como se trataba de una inversión en bienes raíces, varios bancos querían prestarme el dinero".

Esto es un ejemplo de cómo el deudor puede ganar más que el ahorrador. No solo el deudor se está enriqueciendo, sino que el ahorrador se vuelve más pobre. Debido a la inflación, y a la impresión irresponsable de más y más billetes, el dinero que usted ahorra pierde su valor año tras año, mientras que la propiedad del deudor con frecuencia vale más. El ahorrador pierde y el deudor que invierte en bienes raíces gana.

La razón por la que el libro de Garrett Sutton es tan importante es que, guste o no, la deuda es una fuerza poderosa en el mundo de hoy. Los que son financieramente inteligentes utilizan la deuda para enriquecerse, mientras que los que no son financieramente educados utilizan la deuda de manera irresponsable y destruyen sus vidas. En este mundo hay deuda buena y deuda mala. Una lección importante en la vida es aprender a minimizar la deuda mala y a usar la deuda buena a nuestro favor. Esto adquiere gran certeza en este mundo financieramente cambiante.

Hace años, después de cortar mi tarjeta de crédito, me di cuenta de lo importantes que las lecciones que papá rico acerca de la deuda y del crédito habían sido para mí. En el seminario me di cuenta que muchos de los participantes deberían de haber cortado sus tarjetas de crédito. Pero esto no lo hará necesariamente más rico. Una tarjeta de crédito es una herramienta poderosa y por eso la amo, porque prefiero tener su poder a no tenerlo. Para enriquecer nuestra vida, se debe aprender a respetar el poder de la deuda y del crédito, y aprender a usarlo.

Robert Kiyosaki

Parte uno

El crédito y la deuda

Capítulo uno

Introducción al sistema de crédito

Peleando por una oportunidad

Donny protegió a su país. Es un bombero calificado para combatir grandes incendios forestales, lo que lo llevó a diferentes partes del país a proteger personas y propiedades de la fuerza de la naturaleza. Los estadunidenses podían seguir sus rutinas, dormir tranquilos con sus familias por las noches porque Donny y su unidad contra incendios, expertos en combatir incendios forestales, vigilan los bosques y los hogares. Donny se sentía satisfecho con saber que lo que hacía importaba.

Donny salió recientemente de la Universidad y, al igual que más de un tercio de los graduados, adeudaba préstamos estudiantiles; en su caso más de veinte mil dólares. Como casi la mitad de los estudiantes, tenía más de dos tarjetas de crédito con un saldo superior a los dos mil dólares en cada una, cuatro mil quinientos en su caso. La primera tarjeta sirvió para impresionar a una amiga. La relación no duró, la deuda sí. La segunda tarjeta, de una tienda departamental, le ofreció un 10% de descuento en su primera compra. Todavía estaba pagando muchas de las camisas que ya ni siquiera usaba.

Donny había recientemente financiado la compra de un nuevo Ford F150. Era una gran camioneta y la necesitaba. Estaba convencido de poder cumplir con los pagos. El departamento de bomberos local le pago siempre puntual.

Donny fue enviado a combatir un gran incendio en Oregon. Otra misión, otro trabajo. En otras ocasiones, aún estando en la línea de fuego, siempre recibió sus estados de cuenta e hizo sus pagos dentro de los plazos establecidos. Entonces, un día encontraron polvo blanco en un sobre de la oficina de correo: era ántrax. La oficina postal cerró tres semanas mientras el asunto fue investigado cuidadosamente. El correo no se movió por otras seis semanas.

Donny no recibió sus estados de cuenta. Mientras tanto, el fuego en Oregon amenazaba ciudades y hogares, así que parecía estar destinado a permanecer en el frente todo el verano. Al igual que otros bomberos de su unidad, asumió que los acreedores estaban al tanto de la situación y concederían un periodo de gracia para los pagos. Después de todo, ellos estaban sirviendo a su país.

Pero a los acreedores no les importó lo que Donny hacía, así que ahora estaba atrasado dos meses. Eso es todo lo que importaba. Las explicaciones, aunque fueran razonables, justificadas o buenas, eran solo excusas. Y todas las excusas son malas.

La tarjeta de crédito de Donny tenía una Cláusula de Incumplimiento Universal, una de las más odiosas trampas de la tarjeta de crédito una que después se restringió por ley, aunque demasiado tarde para ayudar a Donny. Con atrasarse un día en cualquiera de sus pagos a cualquiera de sus acreedores, la compañía de la tarjeta de crédito le cargaría una tarifa predeterminada sobre cualquier cuenta existente, de hasta un 29.99 %. En el caso de Donny esto significa que tenía que pagar $2,500 dólares extra al año por atrasarse un mes en el pago de su deuda.

A Donny se le pasaron dos pagos de la camioneta mientras combatía el fuego en Oregon, así que su F150 fue embargada. Debido a que la acababa de comprar, el dinero que debía excedía por mucho el valor artificialmente bajo por el que fue vendida en subasta.

Finalmente el horrible fuego de Oregon fue puesto bajo control. Donny y su unidad regresaron a casa después de una difícil misión. En agradecimiento, el sistema de finanzas del país desató un torrente de tiburones para cobrar las deudas de estos héroes.

Los bomberos estaban indignados, habían tenido que servir a su país. Además, tampoco era su culpa que el correo se hubiera retrasado. Bajo tales circunstancias otorgarles un poco margen era lo indicado. Si hubieran estado en el ejército, el Acta de Ayuda Civil los hubiera protegido de sus acreedores. ¿Por qué los bomberos no podían recibir la misma protección? Sin embargo a los acreedores no les importo, ellos tienen reglas y estándares. Y hacen una buena cantidad de dinero cuando la gente no paga a tiempo. Algunos bomberos se vieron forzados a declararse en bancarrota, otros perdieron sus hogares, muchos vieron su futuro frustrado, algunos más escribieron a sus representantes en el congreso en busca de algún tipo de apoyo contra la ingratitud del sistema crediticio del país. Pero los bomberos de manera individual no contribuyen al Congreso.

Pero las compañías de tarjetas de crédito, las compañías de arrendamiento financiero, los bancos y otros prestamistas gastan millones y millones para influenciar al Congreso. No había modo de competir.

Donny se vio forzado a declararse en bancarrota. Los siguientes siete años fueron un infierno financiero, tenía una marca negra en su expediente y trabajó todos los días para superarlo. Tuvo problemas para conseguir la aprobación de más crédito y cuando lo consiguió tuvo que pagar tasas de interés más altas.

Todo por el privilegio de servir a su país.

El juego del crédito

A Dewey le gustaba atacar al ángulo. Si tenía oportunidad de aprovecharse de una situación o persona, lo haría sin dudar. En especial si eso implicaba dinero fácil, sin tener que trabajar.

Recientemente, había encontrado nuevas formas de obtener tarjetas de crédito y facilidades bancarias. El FBI lo llama robo de identidad y lo considera el crimen de mayor crecimiento en Estados Unidos. Dewey prefiere llamarlo préstamos selectivos, algo tan fácil y lucrativo que ojalá lo hubiera conocido antes.

Dewey había aprendido que si obtenía el número de Seguridad Social de alguna persona, junto con su información básica, podía obtener una tarjeta de crédito y una cuenta de banco. Las cuentas estarían a nombre del desprevenido, pero disponibles para beneficio de Dewey, quien se movía de una ciudad a otra ejerciendo sus talentos especiales.

Dewey había obtenido la información personal de un señor mayor llamado John Logan, fue tan fácil. Lo llamó haciéndose pasar por representante de una compañía de servicios públicos, le dijo que necesitaba la información para actualizar los archivos de la compañía. El señor Logan resultó muy amable y cooperativo.

Un amigo de Dewey falsificó una licencia de manejo a la perfección. El nicho de mercado de este amigo solían ser adolescentes que querían entrar a bares, pero ahora el mercado era para chicos listos como Dewey. Usando la licencia de manejo con la información de John Logan, pero con la foto de Dewey y una dirección controlada por este último, el plan se puso en movimiento. Dewey abrió una cuenta de banco a nombre de John Logan, pagó algunas cuentas pequeñas un buen récord por algún tiempo, después sacó una tarjeta de crédito a nombre de Logan y así quedó listo para empezar a bombear el crédito.

Con la tarjeta de crédito, Dewey compró tantos aparatos electrónicos como pudo: TV's, estéreos y computadoras que cambió fácilmente por efectivo, y Dewey no sintió ningún remordimiento. Las compañías de crédito y las de electrónicos ganan lo suficiente como para soportar el golpe de Dewey y si de eso se trata, también el viejo señor Logan.

Con su cuenta de cheques Dewey extendió una buena cantidad de cheques en un fin de semana a negocios pequeños en la ciudad. Las tiendas pequeñas no podían comprobar que tuviera fondos, era fin de semana y los bancos estaban cerrados. Ellos anotaron la información de la licencia de conducir del señor Logan y Dewey llenó un camión de mudanzas con sus compras.

Para cuando los cheques empezaron a rebotar, Dewey estaba a cientos de kilómetros preparándose para su próximo préstamo selectivo.

A diferencia de los cargos a tarjeta de crédito, que estás compañías absorbieron y que después cobraron a otros consumidores de todo el mundo en forma de incrementos de precios, las tiendas pequeñas no tuvieron tanta suerte. Cuando los cheques rebotaron, las tiendas quedaron como responsables, imposibilitados de cobrar los bienes que habían entregado a Dewey.

La estafa también tiene un alto costo para los John Logan de todo el mundo. Todas esas llamadas de las agencias de crédito y acreedores, aún cuando uno es inocente, tienen su precio. El estrés financiero, el terrible estado emocional que provoca el robo de identidad es demasiado para algunos. John Logan, en particular, sufrió un infarto y poco después murió.

Las historias de Donny y Dewey ilustran los extremos y las ironías de los problemas de crédito y deuda que enfrentan muchas personas.

La industria crediticia atrae activamente, en especial a los jóvenes inexpertos, con la promesa de crédito. Los críticos acusan que sus prácticas son agresivas, rayando en la frontera de predatorias, con préstamos abusivos, se aprovechan de quienes no deberían ser sujetos de crédito. En cualquier caso, el fácil acceso al crédito anima a dos tipos de personas: aquellos representados por Donny y aquellos representados por Dewey.

Donny, recién graduado con préstamos de estudiante, dos tarjetas de crédito y los pagos de su camioneta, está empezando su carrera en la orilla del abismo del crédito. Si no trabaja, está en problemas. Por otro lado Dewey, siempre dispuesto a jugársela, hizo carrera aprovechándose de la industria crediticia, siempre dispuesta a prestar, lo que causó daño a otros. Para combatir a los Deweys del mundo la industria crediticia responde con reglas y una rigidez que empuja a los Donnys más cerca del abismo. Si dejas de hacer un pago, en cualquier momento, por cualquier razón, ya sea ántrax o vacas en el camino que retrasen el correo, la maquinaria del crédito empieza a moverse. Se produce una caída libre y muchas vidas se arruinan.

La ironía de este escenario es cómo la industria crediticia trata a cada individuo. Dewey es un costo de hacer negocios, su fraude se conoce y se toma en cuenta en sus presupuestos, es un factor de gasto. El costo se esparce en la industria entera a millones y millones de consumidores que lo pagan como aumento de costos.

Donny por otro lado, el individuo ético y merecedor, es una víctima de la circunstancias, es una víctima de los negocios. Los expertos de la industria dicen que tuvo su oportunidad, pero le faltó hacer un pago, por lo tanto será castigado hasta que se pueda confiar en él nuevamente.

Y así en este mundo al revés donde la criminalidad es un costo y la inadvertencia equivale a un crimen, es importante conocer las reglas, las motivaciones y las rutas para ganar con el sistema de crédito.

Para empezar, echemos un vistazo a lo que nos motiva a endeudarnos.

Capítulo dos

La psicología de la deuda

Antes de entrar de lleno con las reglas de la deuda y cómo ganar con el sistema de crédito, es importante conocer la psicología de la deuda. ¿Cuáles son las motivaciones que nos llevan adquirir una deuda? ¿Por qué algunas personas son incapaces de administrar una deuda? ¿Cuál es la relación entre la autoestima y la deuda?

La deuda de los consumidores asciende a casi trillones; un millón de hogares se declara en bancarrota cada año (más o menos, dependiendo del año), y la tasa de ahorro es muy baja, ¿por qué estamos acumulando deuda como si no hubiera mañana?

En mi experiencia hay cinco tipos de personas, cinco perfiles:

Los que desean.

Los que gastan.

Los que quieren.

Los que se quejan

Los ganadores.

Como verán, los primeros tres perfiles tienden a traslaparse. El último perfil, lo ganadores, son los que sobrevivieron y lograron pasar las primeras cuatro categorías o desde el principio ya eran ganadores. Este libro le enseñará como ser un ganador en el sistema crediticio.

Los que desean

Los que desean son los optimistas del crédito. Ellos tienen la dorada percepción de que se merecen todas las cosas buenas, tienen el propósito de salir adelante y pueden fácilmente darse el lujo de tenerlo todo. En su mundo de sueños felices de optimismo crediticio, se concentran en sus pagos mensuales, no en el total de la deuda. Ven un pago de $20 aquí y otro de $75 allá como algo que pueden pagar, nunca prestan atención a los miles de dólares de la deuda total ni a las altas tasas de intereses en las que cayeron, están convencidos de que pueden pagar sus cuentas conforme al vencimiento.

Tales percepciones falsas de lo que uno puede manejar, son extremadamente problemáticas por ejemplo, en temporada navideña porque se tiene la idea de que hay que pagar al año siguiente. Los que desean, como buenos optimistas, están seguros de que el año que viene será maravilloso, tendrán un mejor trabajo con mayor ingreso, un futuro donde todos los asuntos de dinero se van a resolver.

Desafortunadamente no todos los deseos se convierten en realidad.

Los que gastan

Gastan el dinero como un escape. Debido a sus problemas de autoestima, usan el dinero para comprar cosas que los hagan sentir mejor, que alivien su estrés y así escapar de sus problemas. En una sociedad donde la publicidad masiva lo impregna todo y puede fácilmente manipular el comportamiento, no hay nada como la sensación de algo nuevo (o así te hacen creer los anunciantes): un carro o camioneta nueva, una televisión o irse de vacaciones, puede acabar con el vacío que llevan dentro, durante algún tiempo. Cuando ese sentimiento de vacío regresa, también lo hacen las cuentas.

Los que gastan, sin embargo van a continuar gastando. Con una industria crediticia que fomenta programas para que la gente compre ahora (para los que gastan, sientan ahora) y pague después, los que gastan van a firmar para tener más crédito y quedarán atrapados en una vida de deudas. Debido a su baja autoestima, con más frecuencia se declaran en bancarrota y recaen en sus malas técnicas de administración del dinero, en busca de alivio a corto plazo con sus compras y deudas a largo plazo.

Los que quieren

Uno de los estudios más interesantes en los anales de psicología, es el de los Malvaviscos de Stanford. Dio inicio en los años sesenta, lo coordinó el psicólogo investigador Walter Mischel, de la Universidad de Stanford, y estudió la importancia de la autodisciplina en el éxito futuro.

A un grupo de niños hambrientos de 4 años de edad, se les dijo que podrían comerse un bombón en ese momento, pero si esperaban quince o veinte minutos,a que el investigador regresara, podrían comer dos.

Un tercio de los niños, de inmediato se comió el malvavisco. Mientras que algunos esperaron un poco más, otro tercio esperó los 15 o 20 minutos completos a que el adulto regresará.

Años después cuando los niños se graduaron de la preparatoria, un estudio de seguimiento arrojó información interesante. Los que se comieron el malvavisco de inmediato tenían menos confianza de sí mismos, eran incapaces de posponer la gratificación inmediata para alcanzar metas a largo plazo. Esos impulsos iban a durar toda la vida, lo que produce malos matrimonios, trabajos poco satisfactorios y bajos ingresos.

Los que resistieron, los que retrasaron la gratificación inmediata para recibir dos bombones, resultaron más productivos. Fueron capaces de retrasar su gratificación en búsqueda de objetivos, tuvieron mayores ingresos, matrimonios que duraron más y mejor salud.

El problema en nuestra sociedad, es que se nos anima a obtener gratificación inmediata "ten lo que quieras". Un par de lentes, o lo que sea, en menos de una hora. "compra ahora, paga después". Estos son solo algunos de los mensajes que constantemente recibimos. ¿Es de extrañar que aquellos que tienen una menor autodisciplina sean atraídos a la indulgencia de la gratificación inmediata?

Los que desean quieren todo ya y la industria crediticia atiende su deseo. El asunto de pagar por todo después, inevitablemente se convierte en un problema.

Los que se quejan

Comenzarán a leer este libro y se darán por vencidos porque es complicado o no va a funcionar, o ya es demasiado tarde. Puede que lean mucha información acerca del crédito y las finanzas personales, pero en lugar de hacer algo al respecto, continúan desperdiciando el tiempo enfocándose en lo negativo. Cuando se les presenta una solución o respuesta, ellos entran en detalles acerca de lo que está mal.

Los que se quejan, pueden maldecir en contra de FICO, los acreedores, los bancos o los tres. Si bien sus preocupaciones sobre la justicia del sistema de crediticio pueden ser legítimas, gastan toda su energía luchando contra el sistema, en lugar de trabajar en busca de una solución.

Los ganadores

Lo creas o no, a pesar de todas las críticas que le hemos hecho a la industria crediticia, aún hay margen para hacer grandes ganancias, es decir, si usas el crédito a tu favor.

Los ganadores lo saben, o lo han aprendido a través de su propia educación. Quizá sus padres les enseñaron, o leyeron *Padre rico, Padre pobre, El Cuadrante del Flujo de Dinero* y libros similares. Como sea, poseen el conocimiento y puede ser muy gratificante. Para empezar, algunas verdades evidentes:

1. Los bancos hacen dinero, prestando dinero. Ese es su negocio, todos los sabemos.

2. Los bancos pueden perder dinero si hacen préstamos a gente o proyectos que nunca pagarán. Los bancos deben tener cuidado, aprendieron algunas lecciones muy importantes en la crisis

financiera que empezó el 2008. Como en nuestro caso, demasiado deuda mala representa problemas.

3. A los bancos les gusta prestar cuando tienen una garantía colateral. Si el préstamo no es pagado, quieren aferrarse a algo tangible y real para asegurar su pago, los bancos, al igual que nosotros, deben tener cuidado en evaluar adecuadamente el valor de su garantía.

Además de estas verdades obvias, existe una adicional que rara vez se menciona:

4. Los bancos no obtienen la ganancia con ciertos préstamos. Los ganadores en el sistema de crédito lo entienden y lo usan a su favor para hacer mucho más dinero (en especial, con determinados préstamos sobre bienes inmuebles), del que los bancos nunca podrían hacer.

La valoración de esta verdad puede hacer que gane mucho dinero. Los bancos hacen dinero prestando dinero. Y usted puede ganar aún más dinero pidiendo crédito, para los proyectos adecuados y por las razones adecuadas.

Quizá ahora entienda que los bienes raíces y los préstamos garantizados de los bancos, son completamente diferentes a las ofertas de las tarjetas de crédito.

Eso no es verdad. Hace algunos años mi socio y yo nos encontramos con un terreno de un kilómetro cuadrado con vista a la carretera en Silver Springs, Nevada. El dueño necesitaba $5000 con urgencia y no había tiempo para solicitar un financiamiento bancario tradicional. Entonces las tarjetas de crédito vinieron al rescate. Sabíamos que podíamos echar mano de $200 adicionales al mes para pagar el préstamo en un tiempo razonable. Así que cada uno retiró $2,500 dólares en efectivo de la tarjeta para comprar la propiedad.

En este caso, la compañía de crédito ganó una cantidad razonable por sus altas tasas de interés y nosotros hemos pagado el monto total. Pero la propiedad se compró a buen precio y después la vendimos con un buen margen. Es decir, usamos nuestras tarjetas de crédito para ganar más dinero de lo que la compañía de tarjetas ganó.

Esto es lo que los ganadores hacen. Y ese es el propósito de este libro, deshacerse de los hábitos de crédito negativos, limpiar su historial de crédito y empezar a usar de manera positiva el crédito a su favor.

Pero antes de empezar a ganar con el crédito, debemos pensar en su salud...

Capítulo tres

Efectos de la deuda en la salud

Enfermo de deuda

Cualquiera que tenga deudas sabe que esto lo puede hacer sentir enfermo. Usted planea, piensa, se preocupa. Muchos de nosotros podemos medir nuestro nivel de estrés en relación a nuestro nivel de deuda. Un estudio de la Universidad de Ohio encontró que las personas que reportaban altos niveles de estrés relacionados con su deuda mostraron mayores niveles de discapacidad física y mayores problemas de salud que sus contrapartes con niveles bajos de deuda. El estudio también mostró que el nivel de deuda de las tarjetas de crédito en comparación con el ingreso, también juega un papel importante, aquellos con un mayor porcentaje de deuda en relación a su ingreso, reportaron un mayor nivel de discapacidad física.

El estrés de las deudas impacta nuestra salud física y mental, así como nuestras relaciones. Se considera que la tasa de divorcio es mayor al 50 por ciento, y la razón número uno son los problemas financieros. Las parejas discuten más por problemas de dinero que por otro tipo de problemas.

El estrés, la ansiedad y la depresión son comunes en personas con deuda acumulada. Sentimientos de culpabilidad, vergüenza y fracaso impactan la autoestima y hacen que la gente piense que está fuera de control o que no puede hacer nada al respecto. A esto hay que añadir el miedo que provoca no saber cómo enfrentar la incapacidad de pagar las cuentas a tiempo, la agresividad de los acreedores, y la presión constante para seguir gastando, así que no es de sorprender que muchas personas decidan acabar con su vida como camino para frenar la espiral descendente.

El estrés de las deudas también puede estar ligado al abuso de sustancias y los problemas de salud (incluido un aumento en el riesgo de violencia) asociados con esta actividad ilegal. Por el lado legal, muchas personas reaccionan al estrés abusando del alcohol o de medicamentos prescritos.

Gastar se ha convertido en un problema tal, que la industria farmacéutica ya tomó nota. Comprar ha sido reconocido desde hace mucho como una adicción, lo es si su forma de gastar interfiere significativamente con su vida. De hecho, un 8 por ciento de los adultos estadunidenses (el 90 por ciento mujeres) sufren de esta adicción. Las investigaciones demuestran que esta manera compulsiva de gastar está ligada a bajos niveles de serotonina en el cerebro. Existe en el mercado un medicamento llamado Celexa, que incrementa la serotonina, que se receta a los compradores compulsivos, y un estudio reciente demostró que 80 por ciento de los pacientes tratados con Celexa, frenaron su impulso de gastar.

Otro asunto grave de salud, relacionado con problemas financieros, es que hay personas que con frecuencia renuncian a un tratamiento medico físico (o mental) como un medio de controlar su deuda. Esto resulta en problemas aún más serios de salud, incluso la muerte. Además, las personas con problemas financieros contradicen, con mayor frecuencia, las órdenes del médico y vuelven a trabajar para pagar sus deudas (como las facturas médicas), incrementando así sus posibilidades de recaer.

Todos conocemos la conexión entre el estrés y la enfermedad. Estrésate y te vas a enfermar. Cualquiera que haya enfermado justo después de un examen, o después de un proyecto importante, sabe cómo puede desgastar el estrés. Se dice que el sexo, cuando es bueno, cuenta solo un 10 por ciento del total de la salud de un matrimonio, pero cuando es malo, vale un 90 por ciento. Lo mismo se puede decir acerca del dinero y el estrés que crea en el trabajo y en la casa. Cuando el dinero está bien, solo representa el 10 por ciento de los problemas de una persona, pero cuando está mal equivale al 90 por ciento.

Durante la década pasada, los investigadores demostraron que existe un vínculo entre el estrés financiero y la salud, así como con la productividad en el trabajo. Por ejemplo, el *Financial Fitness* reporta que:

La angustiado por asuntos financieros produce irritabilidad, enojo, fatiga y falta de sueño en más del 52 % de los estadunidenses. Entre quienes reportaron altos niveles de deuda, se presentaron las siguientes enfermedades:

- Tres veces más úlceras y problemas del tracto digestivo (27% en el grupo de estrés alto, y 8% en el grupo de estrés bajo).

- El 44% reportó migraña, comparado con el 15% del grupo de estrés bajo.

- Un aumento de 500% de ansiedad severa y depresión.

- Se duplicó la tasa de infartos.

- Incremento en problemas para dormir y falta de concentración.

También citan un estudio publicado en *Diabetes Care* que, "el estrés financiero incrementa el síndrome metabólico lo que puede tener como consecuencia enfermedades serias como la diabetes, enfermedades del corazón, altos niveles de colesterol y obesidad".

No hace falta que un investigador nos diga lo mucho que nos afectan los problemas financieros, nos sentimos terriblemente mal.

Desafortunadamente, muchas personas no saben a donde acudir cuando tienen problemas crediticios. Este libro está diseñado para ayudarte a entender tus opciones y así retomar el control de tu vida financiera.

Veamos cómo una pareja inteligente y decidida lo resolvió.

Capítulo cuatro

Venza a los prestamistas en su propio juego

Cómo salimos de deudas
La historia de Robert y Kim Kiyosaki

Si bien Robert y Kim disfrutan hoy en día de un tremendo éxito financiero, también han experimentado los tiempos difíciles. Esta es su historia, como la cuenta Kim:

En 1985 Robert y yo teníamos una enorme deuda mala. Y aunque pagábamos cada mes, parecía que no disminuíamos la cantidad adeudada. Mes con mes pagábamos un poco más del mínimo a cada una de las tarjetas de crédito, igual que al préstamo de auto. Obviamente tendría que haber una mejor manera de pagar nuestras deudas. Y por supuesto que la había.

Está es la fórmula que Robert y yo seguimos para liquidar las deudas. Descubrirán que si siguen esta fórmula, saldarán sus deudas mucho antes de lo que habían imaginado. La mayor parte de las personas se liberan de la deuda mala en un periodo de entre 5 y 7 años. La clave es seguir la fórmula, no funcionará si piensan este mes no lo haré, porque entonces, le siguen dos y luego tres. Si se apegan a la fórmula se convertirá en un hábito de por vida.

He aquí la fórmula que usamos:

Paso #1 – Deje de acumular deuda mala. Lo que sea que compre con una tarjeta de crédito debe pagarlo completamente al final de cada mes. Sin excepción.

Paso #2 – Haga una lista de todas sus deudas (malas): cada tarjeta de crédito, préstamo para autos, prestamos escolares, prestamos para mejorar la casa y cualquier otra de ese estilo. (Nuestra lista incluía una deuda muy importante con un socio de Robert con quien había hecho negocios en el pasado). Puede incluso incluir la hipoteca de su casa.

Paso #3 – Seguido de cada partida haga tres columnas:

- Cantidad que se adeuda.
- Pago mínimo mensual.
- Número de meses.

Coloque los números pertinentes en cada columna. Para llegar al número de meses simplemente divida la cantidad que se debe entre el pago mínimo.

Paso #4 – Clasifique cada deuda con base en el número de meses. Escriba el "1" en el menor número de meses; "2" en la deuda con el segundo menor número de meses y continúe así hasta el número más alto de meses. Este es el orden en que va a pagar sus deudas.

La razón por la que se empieza con el menor número de meses, es que debe "ganar" su primer punto, o tener éxito en el programa, lo antes posible. Tan pronto como liquide su primera tarjeta de crédito (primera deuda) empezará a ver la luz al final del túnel.

Paso #5 – Debe ganar unos $150 o $ 200 adicionales cada mes. Si de verdad desea salir de deudas y, sobre todo, adquirir libertad financiera, entonces generar este dinero extra no será difícil. Para ser honestos, si no puede generar $150 adicionales al mes, entonces sus posibilidades de alcanzar la libertad financiera son pocas. (Quizá necesite algunos de los recursos en el siguiente capítulo para volver al camino correcto).

Paso #6 – Cubra el importe mínimo de cada una de las deudas, excepto la marcada con el "1". Como es la primera que va a liquidar, pague el mínimo y los $150 o $200 adicionales. Continúe haciendo esto cada mes hasta saldar la primera deuda y eliminarla de la lista.

Paso #7 –¡Felicítese!

Paso #8 – Cubra el importe mínimo de cada una de las deudas, excepto la marcada con el "2". Para esta deberá hacer el pago mínimo y además la cantidad destinada para la deuda #1. Por ejemplo, para la deuda #1 el pago mínimo era de $40 y le añadió $150, así que pagaba $190 al mes. Si el mínimo de la deuda #2 es de $50, ahora debe pagar eso más $190, para un total de $240 al mes.

Después de que cada deuda haya sido saldada, tome el total de lo que pagó y añádalo a la cantidad mínima de la siguiente deuda como pago mensual. Se sorprenderá cómo incrementa la cantidad y la rapidez con la que podrá liquidar sus tarjetas de crédito, los préstamos para auto, etcétera.

Continúe este proceso hasta que todas sus deudas hayan sido liquidadas.

Paso #9 –¡Felicítese!

Paso #10 – Para este momento el pago mensual de su última deuda debe ser sustancial. Continúe cubriendo esa cantidad cada mes, excepto que ahora, en lugar de pagar a los acreedores, páguese usted mismo hasta alcanzar un saldo de ahorro para emergencias y después empezará a invertir. ¡Ahora está en vías de construir su propia riqueza!

El método que Robert y Kim describen es muy poderoso, de hecho puede reducir la cantidad de esfuerzo y dinero que requiere pagar sus deudas de manera drástica. Veamos un ejemplo con las siguientes deudas:

Acreedores	Tasa de interés anual	Saldo actual	Pago mensual
VISA	15.9%	$4,150	$58
MasterCard	12.9%	$3,645	$73
Otra tarjeta	18.9%	$4,595	$115
Cuota de préstamo	17.5%	$1,990	$50
Total		$14,380	$296

¿Cuánto tiempo le tomará liquidar esos $14,380 si solo hace los pagos mínimos?

Adivinó, sólo 182 años y un mes.

Y pagará más de $72,000 de intereses. En tiempos bíblicos ese acreedor sería lapidado a muerte por usura.

¿Cómo es posible que esos números sean tan altos? En resumidas cuentas, los pagos mínimos se vuelven más pequeños conforme la deuda disminuye. A diferencia de un préstamo para carro con pago fijo, digamos, por cuatro o cinco años, los emisores de las tarjetas de crédito calculan sus pagos mensuales como un porcentaje de la cantidad que debe. El pago mínimo ya es pequeño, lo que es bueno si necesita hacer un pago pequeño, pero es terrible cuando no puede pagar más. Conforme va pagando el saldo, el pago mensual tiende a bajar y la deuda se e-s-t-i-r-a.

La estrategia para reducir la deuda que Robert y Kim usaron tiene varios elementos poderosos, y yo le he añadido un consejo a la mezcla para que el éxito sea más rápido. Así es como funciona:

1. **Mantenga fijos los pagos mensuales.** Esta es la primera forma de vencer a los emisores de tarjetas de crédito en su propio juego. En nuestro ejemplo, el pago total mensual es de $296. Conforme disminuye la deuda, el monto a pagar a la tarjeta de crédito es menor. Pero no se deje engañar, deberá continuar pagando por lo menos $296 cada mes hasta que la deuda quede saldada. Con solo hacer esto, el periodo de pago disminuye de 182 años y un mes, a menos de 15 años y se ahorra más de $63,000 de intereses.

2. **Deje de hacer cargos.** Si tiene una tarjeta solo para propósitos de negocios, déjela afuera del plan. Deje que su negocio liquide esa tarjeta. Pero para gastos personales, no use tarjeta de crédito. Quizá haya escuchado el dicho: Si está en un hoyo, deje de cavar.

3. **Añada un extra si puede.** Si tiene $50 extra mensuales, como en nuestro ejemplo, estará libre de deudas en solo 5 años y se ahorrará más de $65,000 en intereses. ¡Fantástico!

4. **Ataque solo una deuda a la vez.** Si trata de hacer demasiado al mismo tiempo, perderá el enfoque y no llegará a ningún lado. Si usted se concentra en pagar una deuda a la vez, tendrá mucho más éxito. Para ahorrar al máximo, primero debe liquidar la deuda con la tasa más alta. Sin embargo, si usted es como Kim y Robert y quiere resultados rápidos, céntrese en la deuda más baja.

5. **Tendrá un plan.** La Federación de Consumidores de Estados Unidos (Consumer Federation of America) y el Bank of America hicieron una investigación que demostró que personas con un ingreso bajo, alrededor de $10,000 anual, pero que informaron haber tenido un plan escrito, lograron el doble de dinero en ahorro en inversiones que quienes no tenían uno. Ese mismo principio funciona para salir de deudas. Un plan escrito le dará la disciplina y motivación que necesita.

A continuación presento varias estrategias para reducir la deuda según el Reporte de Reducción de Deuda:

Reporte de Reducción de Deuda

Resumen total de la deuda

Número de deudas	4
Mes/comienzo	abril de 2010
Plan de pagos	inmediato
Estrategia de pago	tasa de interés anual
Saldo adeudo	$14,380
Pagos mensuales	$296
Compromiso de dinero	$50
Pagos + compromiso	$346

Pago Mínimo del Estado de Cuenta		*Pago Mínimo Constante*	
Fecha-Libre de deuda	abril, 2192	Fecha-Libre de deuda	dic 2028
Meses requeridos	2185	Meses requeridos	225
Total interés pagado	$72,333	Total interés pagado	$14,209
Total dinero pagado	$86,713	Total dinero pagado	$28,589
		Dinero ahorrado	**$58,124**
		Tiempo ahorrado	**163 años 4 meses**

Explosión Deuda sin el Dinero Extra		*Explosión Deuda con el Dinero Extra*	
Fecha-Libre de deuda	Nov 2016	Fecha-Libre de deuda	abril 2015
Meses requeridos	80	Meses requeridos	61
Total interés pagado	$9,169	Total interés pagado	$6,645
Total dinero pagado	$23,549	Total dinero pagado	$21,025
Dinero ahorrado	**$63,164**	**Dinero ahorrado**	**$65,688**
Tiempo ahorrado 175 años 5 meses		**Tiempo ahorrado 177 años 0 meses**	

Debt Blaster™ Copyright 1991-2012 por Michael J. Riley. Ver la sección de recursos.

Ahora una breve explicación de las estrategias de pago que se describen en el Reporte de Reducción de Deuda:

- **Pago Mínimo del Estado de Cuenta**: Este ejemplo muestra la cantidad que pagaría, y el tiempo para salir de la deuda, si solo paga el mínimo cada mes. Como se explicó, los pagos mínimos disminuyen mientras la deuda se estira por un largo periodo de tiempo.

- **Pago Mínimo Constante**: Este ejemplo muestra cuánto tiempo tomará pagar la deuda si continúa haciendo los pagos mínimos actuales de su estado de cuenta. Esto corresponde a las instrucciones de Robert y Kim Kiyosaki acerca de dividir el total entre el pago mínimo actual. Es más rápido que hacer los pagos mínimos decrecientes, y a largo plazo ahorrará dinero.

- **Explosión de Deuda sin el dinero Extra**: Detalla cuanto tiempo tomaría acelerar su plan de pagos como se describió antes. Continúa con el mismo pago mensual, pero conforme vaya saldando deudas, agrega una cantidad "extra", además del mínimo, al saldo con la tasa de interés más alta hasta que quede cubierta, y sigue así.

- **Explosión de Deuda con el dinero Extra**: Si puede añadir un dinero extra en el total de sus pagos, más pronto saldará sus deudas. En este ejemplo añadimos solo $50 al mes pero se ahorró mucho más que eso, solo de intereses.

Lo que está haciendo es crear un pequeño efecto de tsunami. Al principio puede parecer lento, pero tan pronto pague una o dos deudas, su plan agarrará velocidad, verá efectos drásticos. Si ha tenido un crédito hipotecario, probablemente habrá notado que durante varios años, la mayor parte de los pagos se aplicaron a intereses, no al capital (el capital es la cantidad que pidió prestada). Pero varios años después, esto empieza a cambiar y cerca del final gran parte del pago va a capital y no a intereses. ¿Por qué la mayoría de los intereses se pagan primero? Porque muchas personas refinancian mucho antes de cubrir el crédito. Hoy en día los acreedores quieren ganar tanto interés como les sea posible en los primeros años del crédito. Ellos no hacen dinero cuando usted paga a capital, así que los pagos a capital son muy bajos al principio y se incrementan cuando la mayor parte del interés (léase, la ganancia) ha sido pagada.

Acelere su Plan Libre de Deudas

Mientras más baja sea su tasa de interés, más rápido se librará de la deuda. Muchas personas siguen atrapadas con una deuda de tarjeta de crédito con una tasa muy alta. Las tasas de interés varían desde 19.98% hasta 29.99% o más.

Conseguir la menor tasa de interés posible acelerará su plan. Conforme vaya pagando sus tarjetas de crédito, debe buscar de manera continua la forma de bajar las tasas de interés.

Llame para salir de las deudas

Scott Bilker es el autor de *Talk Your Way Out Of Credit Card Debt*, su página web es debtsmart.com. Scott ha llamado, y grabado, cientos de veces a bancos en su esfuerzo por bajar sus propias tasas de interés, las de su familia y amigos. En su libro esto ilustra esta situación de la vida real:

Hizo 52 llamadas telefónicas que le tomaron 403 minutos (6 horas 43 minutos) y le ahorraron $43,147.68. Esto da un promedio de ahorro de $107.07 por minuto ¿Te gustaría ahorrar más $100 dólares por minuto? Aún $100 por hora es bueno.

Scott tiene más de 50 tarjetas de crédito y ha pagado el 0% de interés durante los últimos 15 años. También ha mantenido un excelente historial crediticio, y constantemente acumula todo tipo de recompensas. Él es claramente un ganador en el sistema crediticio.

Aquí hay un extracto de la entrevista que Gerri Detweiler, nuestra editora y conductora del programa de radio Hablemos de Crédito, hizo a Scott para averiguar más sobre sus estrategias sobre cómo obtener tasas de crédito bajas:

Gerri: Scott, creo que en estos días la gente se siente afortunada por tener una línea de crédito. Así que dinos, ¿qué están dispuestos hacer los emisores de tarjetas de crédito en términos de negociación con los clientes?

Scott: *Bueno, como sabes es cierto que los bancos necesitan clientes rentables para ser rentables. Así que los consumidores tenemos las cartas en la mano por decirlo de alguna manera, porque nosotros decidimos dónde gastar el dinero. Y aún si las tasas de interés no son mejores para los bancos, ellos todavía ganan dinero por el cobro de tarifas comerciales.*

Gerri: Todavía hay muchas personas que pagan tasas de interés muy altas, dado que estos bancos están pagando prácticamente nada para prestar este dinero.

Scott: *Así es, es correcto. No es que los bancos ofrezcan tasas de interés bajas porque lo consideren un buen trato. El único momento en* que los bancos van a ofrecer tasas de interés realmente buenas a los tarjetahabientes es cuando estos tienen un excelente historial crediticio y una relación de años con el banco.

Gerri: Durante mucho tiempo no hubo ningún inconveniente en pedir una tasa menor, luego pasamos por un periodo, yo diría que por ahí del 2009, cuando de hecho se volvió un poco arriesgado, porque a veces daba lugar a una revisión de cuenta y el emisor decía, "caray si tienes un montón de deudas en tu tarjeta de crédito, sería bueno reducir tu límite", y eso disminuye tu puntuación y podría ocurrir que tus otras líneas de crédito fueran reducidas. Así que dime, ¿en dónde estamos y hacia dónde vamos con este proceso?

Scott: *Estás en lo correcto, puede ser un poco arriesgado, pero si pagas tasas de interés muy altas y te están cobrando un montón de cargos, lo más importante es detener este proceso. Así que siempre es importante llamar a los bancos y tratar de negociar tasas de interés y la eliminación de cargos. Hoy en día, la idea es que se usen más las tarjetas de crédito. Hay muchos reportes que indican que la gente está usando más sus tarjetas de crédito, en especial en temporada navideña. Así que de nuevo los bancos tienen que decidir si quieren ofrecer buenos tratos a la gente o van a permitir que sus clientes transfieran sus saldos o usen otras tarjetas.*

Gerri: Vamos hablar acerca de lo que puedes hacer si sientes que la tasa de interés de tu tarjeta de crédito es demasiado alta. Actualmente ¿Qué se considera muy alta?

Scott: *Lo que sea que estés pagando, es demasiado*

Gerri: ¿En serio?

Scott: *A menos que sea cero. Revisa tu estado de cuenta ahora mismo y si no es cero, debes tratar de conseguirlo. El cero es perfecto. Déjame decirte que no he pagado nada de intereses durante 15 años. O sea cero, absolutamente nada.*

Gerri: Dime cual es tu puntuación de crédito. Tienen que ser muy buena.

Scott: *Es 790. He tenido uno mejor. Ayer eran 790, pero el mejor que he tenido es 819.*

Gerri: De 850 en la escala FICO (Financing Corporation), es un puntaje de crédito de primer nivel.

Scott: *Claro que es una buena puntuación. Cualquier número arriba de 720 es muy bueno y como sabes tengo más de 50 tarjetas de crédito.*

Gerri: ¿Todavía tienes las 50?

Scott: *Sí. Solía tener 60 pero perdí varias durante la crisis de crédito.*

Gerri: Bien, quiero hablar acerca de eso un poco más adelante. Pero, para empezar quiero que nos digas qué haces cuando hablas con las compañías de tarjetas de crédito. Ya hablamos de que debes negociar si estás pagando arriba de 0%. Llamas por teléfono, estás un poco nervioso, ¿qué les dices?

Scott: *Precisamente por eso escribí mi libro. Voy hablar un poco solamente del libro porque es importante: esa sin duda fue la razón por la cual lo escribí. La gente está nerviosa, no sabe que decir, así que lo que hice fue grabar mis llamadas a los bancos. Ya sabes, como cuando los bancos graban nuestras llamadas con propósitos de entrenamiento. Bueno, yo hice lo mismo para enseñar a todos a lidiar con los bancos. Así que en el libro aparecen muchas llamadas: las transcripciones.*

Gerri: Y el título de tu libro es: *Talk Your Way Out Of Credit Card Debt (Llama para salir de la deuda de tu tarjeta de crédito)*, ¿es correcto?

Scott: *Así es, para que la gente pueda leer las llamadas y tenga una idea aproximada de lo que va a pasar.*

Gerri: Déjame añadir muy rápidamente, tú hiciste muchas de estas llamadas ¿correcto?

Scott: *Sí, en el libro hay 52, pero hice cientos. Elegí aquellas que representan los resultados básicos que se pueden obtener. Así que yo diría, que si estás nervioso, hay muchas cosas que puedes hacer, pero siempre debes llamar. No hay motivo para estar nervioso. Solo toma el teléfono, llama y dile a la primera persona que te conteste, digamos, por* ejemplo, *algo fácil como evitar un cargo moroso. Eso es bastante fácil, si tienes un cargo por pago tardío y me estás escuchando en este momento, tan pronto como la entrevista termine, llama a tu banco y obtén ese descuento, en especial si es el primero de estos cargos. Haz la llamada, habla con esa primera persona, y di algo como: "estaba revisando mi estado de cuenta y noté este cargo por pago tardío, ¿podría exentarme de este cargo?". Y nunca he sabido de un caso en donde, si es la primera vez, no lo quiten, siempre lo hacen.*

Gerri: Así que, ¿no tienes que tener una buena excusa para decir que no pagaste a tiempo? ¿Sólo les pides que eliminen ese cargo?

Scott: *Así es, correcto. Si quieres puedes inventar una excusa, pero eso no es importante, de todos modos lo van a eliminar. Nunca he escuchado de alguien que llame la primera vez y que no lo hayan exentado del pago. Y he hecho docenas y docenas de llamadas sólo con ese propósito, eliminar el cargo por pago tardío. Incluso si tienes un par de cargos seguidos puedes lograr que eliminen uno o los dos. Si tienes 6 cargos por ejemplo, quizá no eliminen todos. Pero lo importante es que llames, y quizá incluso la primera persona con la que hables pueda hacerlo. Ahora, cuando se trata de reducir la tasa de interés o cosas más complicadas, como eliminar varios cargos por pagos tardíos, algo como eso, es muy posible que la primera persona con la que hables no pueda ayudarte. Así que debes preguntar por su supervisor: "disculpa, ¿puedo hablar con tu supervisor?", ellos probablemente te dirán, mi supervisor le va a decir lo mismo que yo. Y entonces le contestas: "muy bien, de cualquier manera me gustaría hablar con él/ella". Después el supervisor tomará la llamada, tendrás que repetir tu solicitud y veremos lo que el supervisor puede hacer. Si sólo preguntas, será muy difícil. Debes hablar acerca de lo que harás si no consigues lo que quieres. Por ejemplo: "tengo estas diferentes ofertas de crédito, quiero transferir mi cuenta, ¿así que, qué es lo tengo que hacer? Quiero que baje mi tasa de interés o eliminar tal cargo, o haré negocios con otro banco y cierro mi cuenta". Ahora bien, todo eso funcionaba así antes del 2009. Por aquel entonces empecé a escuchar de personas a quienes* *les decían que no importaba, que estaba bien, que cerraran sus cuentas. Incluso yo tuve la experiencia durante ese periodo. Me dijeron que no usaba mi tarjeta, aunque recién había comprado un boleto de avión, una semana antes como de mil dólares. Y ellos dijeron, bueno antes de eso no la había usado. Y les dije: "¿es una broma? Cerrarás mi cuenta por inactividad. ¡Apenas gasté mil dólares el mes pasado y durante los últimos 10 años, gasté casi $25,000!*

Gerri: Muy bien, si la persona con quien hablas dice que no, hablas con el supervisor. ¿En qué momento te das por vencido?

Scott: *Bueno, eso podría ocurrir. Es decir, si das las explicaciones pertinentes, e insistes en que cerrarás la cuenta. Comenta que vas a revisar tus números, diles cuánto has gastado, como en el caso de una tarjeta de negocios por ejemplo, gasté más de $10,000 durante los últimos 5 años, y una cantidad similar era interés, en mi caso desde luego, es cero así que todo lo que obtienen son las comisiones de los negocios, pero no sólo eso, también ganan intereses sobre esas tarifas, y yo pienso ¿de verdad quieren dejar eso? E insisto, quizá no sean muy brillantes, así que a veces van a decir "si claro". Pero si eso ocurre tienes otras opciones. Por ejemplo, Credit.com, allí hay una gran oferta donde puedes elegir una mejor tasa en caso de que no tengas otra tarjeta, pero lo mejor es transferir tu saldo a otra cuenta de crédito, una que hayas tenido por algún tiempo. Como te dije, tengo 50 tarjetas, y hay gente que cree que esto es ridículo, si las usara todas, probablemente el tema de la entrevista sería la bancarrota y cómo salir de ella, porque no puedo usar todas esas tarjetas y pagarlas todas. Así que lo que ocurre es que tengo muchas tarjetas con un balance en cero y en el momento que una de las tarjetas que sí uso, me causa algún problema y no quieran hacer lo que les pido cuando trato de negociar mejores tasas o mejores ofertas, llamo a una de las otras compañías y es un tipo de negociación similar. Si lo que busco es un tasa más baja, llamo a un banco, y digo "quiero transferir mi cuenta con ustedes, $10,000 de inmediato pero quiero que me den cero o 1%, o algo mejor de lo que me estén cobrando ahora". Y así con cada uno de los bancos hasta que alguno me da lo* *que le pido, pero tengo muchas opciones, por eso me gusta tener tantas líneas de crédito abiertas.*

En la entrevista, Scott continúo explicando cómo aprovecha sus tarjetas de crédito y los programas de recompensas. Por ejemplo, además de no haber pagado intereses por años, tampoco ha pagado por boletos de cine, y tiene tres hijos. Como él dice, "eso implica muchas palomitas y boletos de cine". Escucha la charla completa de Gerri con Scott en GerriDetweiler.com.

Como señala Scott, si desea que su compañía de crédito baje la tasa de interés, tiene que pedirlo. Puede que accedan o no, pero no lo sabrá a menos que lo intente.

Mi padre (y probablemente el suyo también) siempre decía: "preguntar no hace daño". Así que vaya y pida una reducción de su tasa de interés.

La razón principal por lo que las compañías de crédito negocian contigo es porque quieren conservar tarjetahabientes. Después de todo, así es como hacen dinero. En muchas ocasiones van a preferir bajar la tasa de interés que perderle como cliente. Esto no quiere decir que llame y amenace con dejar de pagar a menos que bajen la tasa de interés. ¿Cuál sería el incentivo para la compañía? Ninguno. Así que diga que estaría en una mejor posición de hacer sus pagos mensuales con una tasa más baja. Eso es lo que quieren oír. Después, cuando obtenga una tasa más baja, haga un plan para pagar todo el saldo.

Mucha gente se siente intimidada cuando se trata de negociar con la compañía de crédito. No hay razón para sentirse así, sólo recuerde otra cosa que mi padre decía: "el que se preocupa menos, gana".

Puede estar seguro que a la compañía de crédito no le importa usted como individuo, tampoco sus preocupaciones e intereses. Usted es una unidad de facturación, indistinguible entre millones. Existe únicamente para proporcionar una ganancia. Y seamos honestos, si usted manejara la compañía también lo vería de esa forma.

Pero si les importa un poco (y de hecho si les importa eso, un poco), ¿entonces por qué debería importarle lo que piensen de usted?

Puede estar seguro de que el representante de servicio al cliente con quien habla no se va acordar de usted una hora después. Hablan con cientos y cientos de personas todos los días. ¿En verdad cree que ellos se van a casa y conversan sobre los terribles problemas de crédito de John? No se haga ilusiones. El hecho es que en hoy en día, su representante de servicio al cliente quizá viva en la India, y por la noche se vaya a casa pensando en sus propios problemas financieros, no en usted. Quizá estén preocupados por llevar comida a sus mesas. Sus insignificantes problemas ni siquiera están registrados en sus mentes.

Ahora que hemos establecido un contexto, deje de preocuparse por lo que pudieran pensar de usted y empiece a negociar. Que no le importe pedir una tasa de interés más baja, no lo van a morder, a ellos no les importa y a usted tampoco debería importarle. Mientras menos le importe, menos se preocupe y menos dudas tenga, va a ganar.

Otra manera de ganar es simplemente transferir su saldo a tarjetas más baratas. Si aún tiene suficiente crédito disponible, esa es una excelente manera de ahorrar dinero. Llame a cada banco y dígales que tiene sus estados de cuenta y está buscando las tasas de interés más bajas para consolidarlas. Pregunte qué pueden hacer por usted. (Recuerde anotar las ofertas de cada uno). Si no está hasta el cuello de deudas o su crédito es malo, debería conseguir muy buenas ofertas.

Cuando esto ocurra, tenga cuidado con lo siguiente:

- Pueden cobrar tarifas por transferencia. Algunas compañías de crédito pueden hacer un cargo por transferencia del 2 al 4 % sobre la cantidad transferida. En el pasado, estas tarifas tenían un tope de entre $50 a $75, pero ya no. Pregunte por este cargo y trate de que, si es muy alto lo eliminen.

- Tarifas por niveles. Si en la tarjeta de crédito tiene ya un saldo de $2,000 a una tasa de, digamos 18%, y transfiere $1,000 a una tasa de 4.9%, tradicionalmente, los emisores aplicarán sus pagos primero al saldo de ese 4.9% del total. Esto es exactamente lo opuesto de lo que yo recomendaría si esta tratando de salir de su deuda. Sin embargo, gracias a la Ley de Tarjetas de Crédito (Credit Card Act), existe una forma de pagar primero el saldo con tasa más alta sin necesidad de cubrir antes el de tasa baja. Así es como funciona: Según la Ley cualquier pago superior al mínimo se debe aplicar al saldo de tasa más alta. Así que intente pagar por arriba del mínimo, tanto como sea posible para reducir esa parte del saldo.

- Si los emisores de la tarjeta de crédito no ceden, puede que tenga que jugar rudo o conseguir ayuda profesional. Más adelante explicaremos cómo hacerlo.

Pero primero, revisemos la consolidación...

Capítulo cinco

Consolidación de la deuda

¿Es necesario un préstamo de consolidación?

El escenario ideal para alguien con deuda es obtener un préstamo de consolidación de interés bajo y pagarlo en tres o cuatro años. Pero es más fácil decirlo que hacerlo. Los verdaderos prestamos de consolidación por lo general son préstamos personales sin garantía (hablaremos de otros tipos de préstamo consolidado en un momento). El problema es que el prestamista sabe que si ya tiene deuda, y por eso consolida, es probable que en un año o dos termine aún con más deuda.

Recuerde nuestros 5 tipos de deudores:

Los que desean

Los que gastan

Los que quieren

Los que se quejan

Los ganadores

Los que desean, los que gastan, los que quieren, y los que se quejan corren todos riesgo cuando se trata de préstamos de consolidación. Con frecuencia:

- Obtienen un préstamo de consolidación basado solamente en el pago mensual. Una vez que consolidan, creen que pagarán con rapidez pero carecen de un plan específico.

- Acumulan deuda nueva. Porque, después de todo, aún es necesario un carro nuevo, ropa, el celular de moda, etcétera.

- Corren riesgo de obtener un préstamo de consolidación con tasa de interés alta, porque solo se enfocan en su situación actual, y no en un panorama más amplio.

- Se quejan de su situación pero, nunca hacen nada para remediarlo.

- Sin embargo, para los ganadores un préstamo de consolidación es sólo una forma de bajar los costos y salir más rápido de la deuda. Recurren a un crédito de consolidación si tiene sentido pero no caen en trucos como las tasas de interés altas.

Los prestamistas saben que hay muchos de los que desean, los que quieren, los que gastan y los que se quejan, así es como hacen dinero. También saben que corren riesgos, porque no tienen ningún tipo de garantía.

Esto hace que un préstamo de consolidación sea difícil de obtener si ya tiene usted una deuda importante. Puede buscar un crédito de consolidación, pero lo más probable es que encuentre ofertas para aprovechar el valor de su casa (así los prestamistas pueden ejecutar la hipoteca si es necesario), ofertas de asesoría de crédito y de pago de deuda (de lo cual hablaremos en el próximo capítulo).

Prestamos de igual a igual

Si la compañía de crédito le carga una tasa de interés muy alta y no cede, otra opción es un servicio de préstamos de igual a igual (también llamado "de préstamo social"). A pesar de seguir la misma premisa a la del banco (se presta dinero a una tasa de interés más alta), estos servicios no son bancos, sino que permiten a particulares, que buscan ganancias con su inversión, prestar dinero a otros particulares.

No es imprescindible un crédito perfecto para un préstamo de igual a igual, pero sí una puntuación decente. Los requerimientos mínimos con frecuencia aparecen en sus páginas web. La tasa de interés que ofrecerán, dependerá del nivel de riesgo que los prestamistas crean correr. Mientras mejores sean sus calificaciones de crédito más baja será la tasa de interés.

Además de tasas de interés potencialmente más bajas y (posiblemente) estándares de crédito más sencillos, estos créditos ofrecen otra ventaja: deben pagarse en un número específico de meses, de modo que su deuda no se estirará por años. Y se consideran crédito a plazo fijo, no crédito abierto o renovable, lo cual también puede beneficiar su puntuación de crédito.

Prestamos Hipotecarios para Consolidación de Deuda

Los préstamos hipotecarios fueron una de las maneras más populares para consolidar en la última década. Desafortunadamente, conforme el valor de los bienes raíces fue cayendo, muchos propietarios se vieron en la terrible situación de deber más de lo que valía su casa. Si no aprovechó la segunda hipoteca durante el auge y ahora se encuentra a la par con su propiedad, considérese afortunado. Sin embargo, si sus finanzas personales se vieron afectadas durante la recesión, quizá se sienta tentado a aprovechar su hipoteca para pagar otra deuda. Hay dos maneras básicas de hacer esto:

- Obtenga una segunda hipoteca o línea de crédito
- Refinancie su préstamo actual y "retire" efectivo para pagar deudas.

Siempre hay un riesgo, y es muy real, de perder la casa si no puede pagar la nueva hipoteca. Recientemente hemos visto que los embargos hipotecarios están en su apogeo. Con la deuda de tarjeta de crédito lo peor que sucederá es que será dada de baja y se enviará a empresas de cobranza. Eventualmente puede ser demandado. Pero a diferencia de un préstamo hipotecario, no perderá su casa.

Los préstamos hipotecarios suelen ser engañosos, porque parece que se toma deuda mala para convertirla buena. Pero cuando cambia la deuda de su tarjeta de crédito por una deuda hipotecaria, está renunciando a la posibilidad de convertir el crédito hipotecario en deuda buena, que podría aprovechar para comprar bienes de inversión. En cambio, se chupa el capital para pagar gastos y las altas tasas de interés que aceptó tiempo atrás. Desafortunadamente, muchas personas consolidan usando su casa y después incurren en nuevas deudas en su tarjeta de crédito uno o dos años adelante, solo que ahora su casa está al tope. A menos que de verdad se encuentre en una etapa de expansión financiera, lo más sensato es no poner en riesgo su hogar.

Préstamos hipotecarios

These loans Vienen en dos sabores. El primero: préstamos hipotecarios por una cantidad determinada, y un periodo fijo de pagos. El segundo: líneas de crédito hipotecario que son como una tarjeta de crédito, permiten pedir prestada cierta cantidad y pagarla con mayor flexibilidad.

Muchos planes de crédito hipotecario establecen un periodo fijo durante el cual se puede pedir dinero. Al final de este periodo de "retiro" (que puede ser de 10 años por ejemplo) ya no se puede solicitar ningún crédito. Quizá tenga que pagar el saldo adeudado en ese momento o podría tener un nuevo periodo (10 años por ejemplo) para pagar el crédito. Algunos planes pueden requerir que retire una cantidad mínima al iniciar el crédito o imponer un cargo de penalización si se paga el crédito durante el primer o segundo año.

La ventaja de los préstamos hipotecarios es que suelen tener una tasa de interés baja, el interés es a menudo deducible de impuestos, si se desglosa, y los pagos son relativamente bajos. Muchas de las líneas de crédito hipotecarias, por ejemplo, le permiten pagar cada mes sólo los intereses.

Además, estos préstamos son relativamente fáciles de conseguir si se tiene una buena puntuación de crédito. Y lo mejor de todo es que suelen tener costos de cierre bajos o nulos. Puede que tenga que pagar un avalúo, pero no más que eso.

¡Advertencia! Si actualmente está pagando un crédito hipotecario, quizá solo esté pagando los intereses. Los pagos mensuales pueden incrementarse de manera drástica al entrar el periodo de amortización. Asegúrase de hablar con el banco y planear estos pagos con anticipación.

Refinanciamiento

Otra forma de aprovechar el valor de su casa es refinanciar. Esto es especialmente atractivo si su hipoteca actual tiene una tasa de interés alta o si desea comenzar de nuevo con una hipoteca nueva y más larga.

Un refinanciamiento con línea de crédito, le permitirá negociar la hipoteca, pagar el préstamo vigente y disponer del dinero adicional para pagar otras deudas. Quizá sea posible pedir prestado hasta el 80% del valor de la casa en refinanciamiento de este tipo, pero eso depende de su puntuación de crédito o de si trabaja por su cuenta. (Una baja puntuación de crédito y trabajar de manera independiente puede significar que no obtenga tanto dinero).

¿Por qué puede convenir una hipoteca más larga? Es simple: si los pagos mensuales de su casa bajan, tendrá más dinero para pagar otras cosas. No se convierta en uno más de los millones que refinanció antes de la Gran Recesión sólo para gastar el dinero en trivialidades y activos que no generan ganancia, y que acabaron perdiendo su casa cuando el valor cayó. Si refinancia, continúe pagando sus deudas con el dinero que le quede libre.

Refinanciar por lo general no es gratis. Los costos de cierre suelen sumar cerca del 4% del importe de la hipoteca. Algunos prestamistas ofrecen refinanciamiento gratis pero con tasas de interés altas. Haga un análisis del crédito y los números que involucra para asegurarse si de que sea el paso correcto.

Préstamos de jubilación para consolidación de deuda

Edgar tenía varias tarjetas de crédito con un saldo total de $35,000. Un emisor en particular había elevado su tasa a un 29.99% y no cedía, lo cual realmente molestaba a Edgar por lo que decidió usar el dinero que tenía en su fondo de retiro (IRA) para pagar esa deuda. Sin embargo, esta fue una elección costosa. Como tomó una deducción de impuestos cuando contribuyó a su fondo de retiro, el dinero que sacó estaba sujeto a impuestos, además de que tuvo que pagar un 10% de penalidad por retiro anticipado. Esto hizo que su estrategia resultara muy costosa.

Tomar prestado del plan de retiro puede ser mejor que hacer un retiro anticipado. Muchos de los planes permiten pedir prestado hasta el 50% del valor de la cuenta y pagarlo en cinco años. Se cargan intereses pero, por lo general, es una tasa baja y se la paga a usted mismo y no a un prestamista. Otro beneficio es que no es necesaria una buena puntuación de crédito, pero desde luego tiene sus inconvenientes. El gran riesgo si toma uno de estos préstamos y luego deja (o pierde) su trabajo, es que puede quedar obligado a pagar de inmediato, o pagar impuestos y sanciones como si se tratara de un retiro anticipado. ¡Auch!

Existe otro riesgo importante: la posibilidad de que no resuelva su problema y que, de igual manera, termine en bancarrota. Supongamos que está endeudado debido a los recortes salariales en el trabajo o a un negocio que quebró. Así que empieza a tomar de su fondo de retiro. Recuperarse toma más tiempo del que esperaba., es incapaz de pagar el préstamo del fondo de retiro, así que se ve forzado a tomar el préstamo como un retiro anticipado, pagar impuestos, y el 10% de multa, para todavía terminar en bancarrota. Ahora su fondo de jubilación, que probablemente estaba protegido, ya no existe. Literalmente tendrá que empezar desde cero.

Amigos y familia

Amigos o familia quizá estén dispuestos a ayudar si está pasando por un momento difícil. Por favor piénselo dos veces ¿está de verdad seguro de que puede pagar el préstamo? Porque, de lo contrario, sólo los arrastrará a sus problemas financieros.

Sus padres, su hermano mayor que tiene dinero, o cualquier amigo, no le deben nada, incluso si tienen mucho dinero. Permitir que nos ayuden puede aliviar la situación de manera temporal pero, a menos que estos problemas sean atípicos para usted, el alivio no durará. Es decir, debe aprender a dejar de adquirir deuda mala y empezar a construir riqueza.

Si usted –o ellos– están determinados a hacer uno de estos préstamos, por lo menos que sea de manera profesional. Elaboren un pagaré y un calendario oficial de pagos. Debe ser tratado como otro préstamo, no como un regalo. Revise la sección de Recursos para más información.

Pagar su Hipoteca de Forma anticipada

Algunas personas consideran la hipoteca "deuda buena", porque se utiliza dinero del banco para comprar un activo cuyo valor incrementará con el tiempo. A esto se le llama "apalancamiento".

Si bien pagar las tarjetas de crédito, y otras deudas malas, debería ser la primera prioridad, algunas veces tiene sentido pagar la hipoteca en un plazo menor de los 30 o 15 años que pactó.

Ventajas del Pago Anticipado

- Tendrá más dinero en su bolsillo. Un crédito hipotecario típico cuesta, en intereses, 2 – 3 veces más que la suma original. Ese dinero será suyo, en lugar de pertenecerle al banco, si paga con anticipación.

- Su casa quedará libre de deuda muy pronto. A muchas personas, esto les brinda mucha tranquilidad. (Asegúrese de proteger ese patrimonio con una exención fiscal a la propiedad u otra estrategia de protección de activos.)

- Construir su patrimonio quizá le de más flexibilidad si necesita mudarse, o incluso pedir otro crédito hipotecario sobre su casa para alguna inversión o negocio. Una casa con un apalancamiento elevado puede convertirse rápidamente en una carga si se aproximan tiempos difíciles.

Desventajas del Pago Anticipado

- Cuando las tasas de interés de créditos hipotecarios son muy bajas, no existe un ahorro considerable con el prepago. (Aunque quizá "gane" mucho más que con la cantidad ínfima de las cuentas de ahorro).

- Puede perder algunas de las ventajas fiscales de deducción sobre los intereses de la hipoteca. Tome en cuenta, sin embargo, que si el costo del interés y otros gastos desglosados no superan la deducción estándar, no está logrando una deducción.

- El valor de su hogar no ofrece mucha liquidez. Es fácil pedir prestado contra su casa si su situación financiera es buena, pero si llega a tener problemas, y resulta difícil calificar para un crédito, es bueno reservar con anticipación un crédito hipotecario antes de que en verdad lo necesite.

Lo más importante es: primero, pagar su deuda mala; después, asegurarse de tener un fondo adecuado para emergencias, además de un buen seguro (de salud, de vida, de auto). Si tiene dinero extra para pagar la hipoteca, adelante. No olvide concentrarse en su objetivo: no solo pague sus deudas, sino construya riqueza. Si pagar por adelantado su hipoteca esta dentro de esos planes, por favor adelante.

Cómo ganar con una deuda de consolidación

¿Ha notado una característica de las opciones que explica este capítulo? Que todas le ayudarán a bajar el costo y/o pagos conforme salga de deudas, pero todavía necesita tener un ingreso para poder pagar.

Hay varias maneras de hacer esto:

- **Reducir gastos.** Empiece a rastrear en qué gasta el dinero y busque maneras de ahorrar. Puede que no sea divertido, pero piense en ello como una medida temporal. La mejor manera de hacer esto es prestar atención a lo que gastas y ver la forma de reducirlo aunque sea un poco. Cada dólar extra le ayudará a reducir su deuda más pronto. Incluí una hoja de presupuesto en uno de los apéndices para ayudarle a entender a dónde se va su dinero.

- **Obtener un mayor ingreso.** Una de las mejores formas de hacer esto es tener tu propio negocio. Ahorrará dinero en impuestos y tendrá dinero adicional, al igual que otros beneficios.

Pero por ahora, obtengamos más ayuda...

Capítulo seis

Conseguir ayuda

En ocasiones, necesita más que un plan de pagos para salir de deudas. Si constantemente hace malabares con los pagos, quita a Pedro para darle a Pablo y utiliza la tarjeta de crédito para llenar los huecos de su presupuesto, quizá necesite más ayuda. Aquí hay algunas opciones para cuando la deuda está fuera de control.

Mientras considera estas opciones recuerde que, los que desean van a echarles un vistazo, esperando que alguien o algo (un aumento, una gran inversión) ocurra y evite que ellos de verdad tengan que lidiar con su deuda. Los que gastan evitarán esas opciones porque quizá, de manera temporal, corte su línea de gastos, sus tarjetas de crédito; los que quieren pensarán que estos métodos requieren de demasiado tiempo y esfuerzo; mientras que los que se quejan se concentrarán en todas las posibles desventajas (en especial si resulta en perjuicio de su historial crediticio). Los ganadores evaluarán con cuidado estas opciones como herramientas potenciales para alcanzar su objetivo: quedar libres de las deudas para empezar a construir su propia riqueza.

Asesoría en Crédito

Sin duda ha visto anuncios de compañías que prometen "consolidar su deuda". Muchas veces estos anuncios son de agencias de asesoría, han existido por muchos años y su propósito es ayudar a los deudores a encontrar una alternativa a la bancarrota. Esto es lo que ocurre cuando toma uno de estos programas:

Recopilan información sobre sus deudas y finanzas. Si, al parecer, tiene la habilidad de saldar la deuda en un periodo de tres a cinco años, preparan una propuesta para cada uno de sus acreedores y en la cual solicitan que se le permita participar en un programa de pagos con tasas de interés y/o tarifas reducidas. (Puede haber acreedores que no quieran participar, o que no ofrezcan términos más atractivos). Si todo sale bien, le ofrecen un Plan de Administración de Deuda (PAD) para que pueda saldarla con un plan que, en la mayoría de los casos, es de tres a cinco años.

Cuando entra a un programa de asesoría, por lo general, de debe hacer un pago mensual a la agencia, la cual a su vez pagará a los acreedores que hayan decidido participar. No es una consolidación real porque usted aún conserva sus deudas originales, y si la agencia no hace los pagos en tiempo y forma, ¿adivine quién es aún responsable?

Además, algunos tipos de deudas no pueden ser incluidas, tales como: prestamos de estudiantes, deudas por impuestos, hipotecas, prestamos de auto, etcétera. La agencia quizá tenga otros programas para ayudarle con esas deudas pero, por lo general, éstas no participan en el PAD.

En todo el país hay cientos de agencias de asesoría y algunos acreedores trabajan con muchas de ellas. Lo que esto implica, para usted, es que no debe esperar que cada uno de sus planes de pago individuales sea negociado con los acreedores. En lugar de eso, el acreedor tendrá políticas acerca de lo que puede ofrecer a los clientes de estas agencias. Algunas compañías de tarjetas de crédito, por ejemplo, ofrecen una tasa de interés cero para los clientes en un plan de asesoría, mientras que otros no ceden en nada. Todo depende de cada acreedor.

Por lo general, para cuando completa el programa, termina pagando de 1.2 a 1.5 veces la deuda original. Si empieza el programa con una deuda de $10,000 para cuando termine, probablemente habrá pagado entre $12,000 y $15,000. Esto quizá sea una ganga si lo compara con la cantidad que tendría que pagar de no haber tomado la decisión y seguir haciendo pagos mínimos. Insisto, depende de la tasa de interés que pague en cada una de sus deudas y cuánto tiempo le tome completar el programa.

Cuando la asesoría de crédito no funciona para un cliente puede deberse a una variedad de razones.

Como ha demostrado en su investigación, la experta en crédito Gerri Detweiler, algunos consumidores no son realistas cuando se trata de su deuda. Acceden a firmar un programa de asesoría y a hacer un pago mensual que les deja muy poco espacio en su presupuesto. Después surgen un par de emergencias y no pueden completar el programa. No olvide que, por lo general, toma de tres a cinco años completar un programa de asesoría. Sucede que mientras esté en el programa, no tendrás acceso a crédito nuevo, que es en lo que antes confiaba para solventar emergencias.

Otro problema potencial es que los clientes pueden verse atrapados por agencias de asesoría que cobren tarifas muy altas o que no hagan la tiempo os pagos a los acreedores. Cuando cualquiera de estas cosas suceda, puede que sus problemas de deudas se agraven. Esto ya no ocurre tanto como hace algunos años, pero siempre debe asegurarse de trabajar con una agencia acreditada.

¿Cómo afecta la asesoría a sus reportes de crédito?

Esta es la pregunta número uno que muchos consumidores se hacen al entrar a un programa de asesoría. Si ha pagado sus deudas a tiempo, quizá le preocupe que su crédito bueno se transforme rápidamente en uno malo. A continuación algunos detalles que debe entender:

1. Aún si paga cada cuenta a tiempo, su crédito quizá no sea tan maravilloso como cree.

   Un estudio que realizó el Experian Consumer Direct[sm] encontró que:

   - Más del 16% de los norteamericanos usa por lo menos el 50% de su crédito disponible.

   - El promedio nacional de crédito para aquellos que utilizan al menos el 50% de crédito en tarjeta es de: 631, comparado con el promedio nacional total que es de 678.

   En la segunda parte del libro hablaremos más sobre cómo funciona la puntuación de crédito, pero basta decir que si tiene topadas las tarjetas de crédito, su historial crediticio de verá afectado. Reducir su deuda puede ayudarle a mejorar su crédito. Y una vez que esté libre de deuda, restaurar tu crédito será más fácil de lo que imagina.

2. Las populares puntuaciones FICO no cuentan específicamente en contra por estar en asesoría de crédito al momento de calcular su puntuación.

3. La mayoría de los acreedores recalculan la antigüedad de su cuenta, una vez que haya hecho tres pagos puntuales a través de la agencia de asesoría. Esto significa que van a eliminar los pagos tardíos reportados justo antes de entrar al programa.

Las agencias de asesoría tuvieron graves problemas hace una década por el cargo excesivo de tarifas, por abusar de su condición de no-lucrativas al canalizar el dinero hacia afiliados con fines de lucro, y por presentar programas engañosos para los clientes. De hecho, en 2003 la Comisión Federal de Comercio demandó a una de las agencias más grandes de asesoría del país y, en 2004, el Senado de los Estados Unidos realizó audiencias sobre los abusos de estas agencias. Descubrieron que algunas agencias abusaban tanto de su estatus para exentar impuestos, como de la confianza del consumidor.

Desde entonces, a la mayoría de los tipos malos se les revocó su estatus de exentos de impuestos, salieron del negocio, o ambas cosas. Y a pesar de toda esa mala publicidad, recuerde que no todas las agencias de asesoría son malas. De hecho, muchas de ellas han hecho un gran trabajo por años. Una buena agencia de asesoría puede ayudarle a evitar la bancarrota y otros problemas, pero debe tener mucho cuidado al elegir.

Liquidación de Deudas

Mientras la espiral de la economía siguió descendiendo, millones de personas se vieron imposibilitadas de pagar sus cuentas. Las agencias de liquidación de deuda vieron una oportunidad y lanzaron agresivas campañas de publicidad ofreciendo soluciones de alivio a los consumidores. ¿Cuál fue la promesa más común? Pagar por la deuda por poco dinero y evitar la bancarrota.

La liquidación de deuda puede ser una opción legítima para quien tiene problemas graves con tarjetas de crédito. Puede ser de mucha ayuda en especial para dueños de negocios, y para quienes poseen alguna propiedad y no desean perderla. También es crucial entender qué se puede y qué no se puede hacer.

Esto es lo que involucra:

Dejar de hacer pagos a los acreedores sin garantía. En lugar de eso, se hacen pagos mensuales a una cuenta de ahorros. (Por lo general, más bajos que los pagos mínimos que ha estado haciendo, pero mientras más ahorres más pronto podrá pagar sus deudas.) Después de algunos meses sin haber realizado pagos, los acreedores seguramente le llamarán y/o escribirán ofreciendo ayuda para ponerse al día. En algunos casos quizá ofrezcan un programa poco flexible con una tasa de interés más baja –a veces hasta del cero % al año. Si no accede, pueden ofrecer un trato para liquidar la deuda: pague x cantidad y su cuenta será saldada. Si no llega a un acuerdo, por lo general su deuda será dada de baja. (Esto ocurre cuando ha incumplido pagos durante varios meses.) Cuando una deuda es dada de baja, significa que el acreedor la clasifica como incobrable. Pero no quiere decir que el acreedor deje de intentar cobrarla.

Mientras todo esto ocurre, usted sigue ahorrando. En cualquier punto antes de que la deuda sea dada de baja, usted o la agencia que contrató puede negociar la liquidación de la deuda. Algunas veces las liquidaciones pueden bajar hasta 10 – 25 centavos de dólar; pero por lo general se ubican en el rango del 50%. Los acreedores no están obligados a liquidar deudas.

En la mayoría de los programas usted habrá salido de deudas (por lo menos de las deudas sin garantía) en un periodo de 12 – 36 meses, dependiendo del total de la misma y del ahorro que haya alcanzado para liquidar. Cuando todo termine, el pago habrá sido alrededor del 50 – 60 % de la cantidad con la que inició el programa, esto incluye las tarifas de la compañía liquidadora (si es que usó una).

Si si deuda es de $20,000, y entra a un programa de liquidación, los pagos mensuales serán de $500 por dos años aproximadamente, y habrá liquidado su deuda por un total de $12,000, incluyendo costos. Obviamente los números finales dependerán de su situación individual.

A finales del 2010, la Comisión Federal de Comercio anunció nuevas reglas para agencias asesoras de liquidación y asesoría de crédito. Estas reglas se desarrollaron en respuesta a numerosas quejas interpuestas contra las agencias, que no sólo cargaban tarifas elevadas a sus clientes, sino que además no los ayudaban a salir de sus problemas.

Bajo estas nuevas leyes, las firmas de liquidación deben:

- No pueden cobrar honorarios por adelantado. Solo pueden cobrar sus honorarios cuando se haya liquidado la deuda. Usted tiene derecho a conocer los honorarios aproximados.

- Asegurarse de que el dinero que los clientes ahorran quede bajo el control del cliente y fuera del alcance de la firma de liquidación. Usted debe tener la posibilidad de retirar el dinero en cualquier momento sin penalización.

- Proveer información específica a los clientes, incluyendo el hecho de que el acuerdo puede afectar negativamente su historial de crédito, y que podría haber algunos impuestos sobre la deuda condonada.

Uno de los miedos más comunes que la gente enfrenta al considerar un acuerdo de liquidación es el de parecer, de algún modo, inmoral, al tratar de librarse de las deudas legítimas, pero no sea tan duro con usted mismo.

En primer lugar, no hay nada inmoral en pagar tanto como pueda. A veces ocurre que la gente se mete en problemas. Las compañías de tarjetas de crédito saben que cuando extienden enormes líneas de crédito con tasas de interés del 25% o más, algunas personas no serán capaces de pagar, sin embargo siguen siendo muy rentables.

En segundo lugar, si se encuentra en una situación difícil y no toma estas medidas, el siguiente paso quizá sea la bancarrota. En ese caso, sus acreedores no obtendrían nada.

Así que haga lo que tenga que hacer. Pague lo que pueda. Siga con su vida y concéntrese en construir riqueza, lo que beneficia a toda la economía (incluyendo a las compañías de las tarjetas crédito).

Otra cosa que debe considerar, es si puede liquidar sus deudas solo, o necesita contratar una compañía que le ayude. Las compañías de tarjetas aconsejan a los consumidores nunca contratar firmas para negociar, pero eso no es una sorpresa. Es más fácil intimidar a un tarjetahabiente sin experiencia para que pague la mayor cantidad posible, que lidiar con una persona con conocimiento y experiencia de una agencia acreditada que lo respalde.

Aunque muchas compañías de tarjetas de crédito no lo admitan públicamente, todas negocian acuerdos a través de estas firmas todos los días. Si usted es tímido, se siente abrumado, o simplemente esta demasiado ocupado para negociar con sus acreedores, la asesoría profesional es de gran ayuda. Existen firmas que asesoran a los clientes durante el proceso, si es que desean hacerlo ellos mismos, y otras que se hacen cargo de tantas negociaciones como sea posible en nombre de sus clientes. La decisión correcta depende de su tiempo, energía y confianza en lograr el mejor trato posible.

Acuerdo de deuda

El sueño de Rick era abrir un restaurante a la edad de 27 años, y lo hizo realidad. Su buen gusto y sentido de la oportunidad le brindó un éxito. Durante un par de años disfrutó de un gran estilo de vida: mucho dinero, prestigio y lo que parecía ser un futuro brillante.

En el restaurante, Rick conoció a su futura esposa. Seis meses después estaba casado, y otros seis meses después esperaba a su primer hijo.

Mientras tanto, el negocio iba lento. Las construcciones a lo largo de la carretera donde se encontraba su restaurante, hicieron que estacionarse se volviera complicado, así que muchos clientes dejaron de ir, algunos más eligieron los lugares de moda. Si bien el negocio no se detuvo por completo, el restaurante comenzó a perder dinero a un ritmo peligroso. Además, Rick y su esposa estaban de acuerdo en que la administración del restaurante no le dejaría mucho tiempo a Rick para estar con el bebé.

De mala gana, Rick decidió cerrar el negocio. Vendió el restaurante pero, por la deuda que tenía el negocio, recibió muy poco dinero en efectivo. Eso lo dejó con el prospecto de empezar de nuevo con una deuda personal, que había acumulado durante el último año, de casi $50,000 en tarjetas de crédito.

Si bien Rick consiguió un buen trabajo en ventas gracias a sus contactos, su sueldo no bastaba para hacer mella en su deuda. Como quería evitar la bancarrota a toda costa, encontró una compañía que le ofreció negociar acuerdos con todos sus acreedores. Rick entró al programa y, en dos años, sus deudas de tarjetas de crédito quedaron negociadas y liquidadas. Para entonces su ingreso ya era estable y pudo empezar a ahorrar para el enganche de su nueva casa. Después de todo, iban a necesitar un lugar más grande con otro bebé en camino.

Como este caso lo ilustra, los acuerdos de liquidación de deuda pueden funcionar. Compare este ejemplo con nuestro siguiente caso...

Eliminación de deuda

¿Has visto los anuncios que argumentan que nuestro sistema de crédito bancario es ilegal? Estos anuncios afirman que debido a su ilegalidad, toda tu deuda debería ser borrada ¿te parece tentador?

Deuda de la nada

Bernice y Bill tenían problemas de dinero; podían sostener a sus hijos pero se retrasaron con los pagos de la hipoteca. Bill conducía un camión y con el aumento de los precios de la gasolina y la baja de arrendamiento de camiones de carga, se le hacía difícil cumplir sus compromisos.

Gladys, la mamá de Bernice estaba triste por la situación; ella siempre había querido lo mejor para su hija y sus nietos. Gladys trataba de ayudar con dinero cada vez que podía, pero su ingreso mensual era bajo y no podía ayudarlos siempre.

El padre de Bill, George, también sufría por sus problemas. Pero en lugar de dar dinero, trato de aconsejarlos. Sugirió a Bill que rentara la casa y así cubrir la hipoteca, ellos se mudarían a un lugar más barato que pudieran costear. El inquilino pagaría la hipoteca de la casa de Bill y, en algunos años, cuando estuvieran en una mejor situación financiera, podrían mudarse de nuevo a su casa sin perder su patrimonio.

Bill no tenía humor para tomar ni el consejo ni el dinero de nadie. Estaba enojado consigo mismo y aún más con el sistema.

Le enfurecía que sus impuestos se dilapidaran en trabajadores perezosos y programas estúpidos. Estaba enojado con las compañías de petróleo por manipular los precios. Estaba enojado por los impuestos sobre nómina y el seguro médico que tuvo que pagar a seguridad social. El país entero sabía que nunca iban a recibir el beneficio de ese dinero, así que ¿por qué debemos seguir pagando ciegamente al sistema?

Conforme pasaba el tiempo, Bill empezó a convencerse de que el sistema estaba en contra de él. Después Joe, un amigo del trabajo, le habló acerca de la eliminación de deuda.

Joe le dijo que había una serie de sitios en internet que contaban la verdad sobre el sistema bancario de Estados Unidos. Joe le dijo que bastaba hacer una búsqueda con los encabezados "eliminación de deuda" o "eliminación de hipoteca", y conocería las verdades ocultas del sistema bancario.

Bill pasó horas en internet leyendo lo que en el fondo ya sabía: que el sistema bancario era un fraude. Creaban dinero de la nada.

En uno de estos sitios, "Sentinel Counselors for American Mortgages", Bill encontró que no tenía que pagar su hipoteca, porque no se trataba de un préstamo, sino de un intercambio. Bill le había dado al banco un pagaré por $100,000. El banco depositó esa cantidad como un activo, porque consideran este pago de Bill como un activo en su propia contabilidad.

Bill estaba muy emocionado con lo que había aprendido y le dijo a Bernice, en tono triunfal, que no tenían que pagar su hipoteca.

Bernice estaba confundida. Los $100,000 que pidieron prestados se pagaron a los dueños previos de su propiedad. ¿Cómo podrían no pagar?

Porque, Bill argumentó, el banco nunca creó un préstamo. Su pagaré era una entrada contable que permitió al banco crear un préstamo aparente. Pero en realidad no se había usado dinero de verdad, todo era una ilusión.

Su esposa seguía sin entender. Aún si el pagaré era solo una ilusión para propósitos contables, ellos habían recibido una casa de verdad a cambio. Tenía tres recámaras, dos baños y una linda cocina. Eso no era una ilusión.

Bill se molestó. Dijo que era usura pagar los intereses de un crédito ilusorio, creado de la nada. El préstamo que había adquirido no estaba respaldado por oro, plata o algo real. El préstamo estaba respaldado en la fe inútil que la gente tiene en el sistema.

Bernice seguía confundida. Si la gente tenía fe en el sistema, ¿eso no hacía que por si mismo tuviera valor? ¿Si todos pagan, no es en beneficio de todos los que necesitan un préstamo?

Bill se molestó mucho porque ella no podía comprender el sistema manipulador que convertía a los estadunidenses en esclavos de los bancos. Regresó a la computadora y al sitio de internet y firmo un programa de eliminación de deuda. Haciendo un pago de $1,500 tendría derecho a la asesoría exclusiva de un consultor capacitado en eliminación de deuda. Ellos le enseñarían como llenar los formularios necesarios para poder eliminar su deuda.

En el teléfono, el consultor felicitó a Bill por haber tomado una buena decisión y le reiteró que no había incurrido en una deuda legitima. El banco tomó su promesa de pagar los 100,000 y lo convirtió en un activo – un activo que el banco tenía que pagar. Pero como no se había creado ningún crédito sino solo un intercambio con el banco, las formas que iba a llenar, negarían ese intercambio y lo liberarían de la deuda falsa.

La primera vez que no pagaron su hipoteca, Bernice recibió una llamada del banco. La hipoteca estaba vencida y necesitaban hacer un pago, ella murmuró una excusa y de inmediato le dijo a Bill.

Él le dijo que no se preocupara, que ya estaba en proceso de eliminar la deuda.

Su esposa comenzó a llorar. ¿Por qué había hecho eso? para empezar no tenía sentido y ahora iban a perder su casa.

Bill levanto la voz, no iban a perder su casa. Una vez que el papeleo fuera procesado su hipoteca quedaría cancelada y la deuda eliminada, los fraudulentos bancos de Estados Unidos se irían de espaldas.

Bernice, suplicante, le preguntó, ¿cómo iban a recibir su casa de $100,000 gratis? No era justo ni correcto usar un argumento complicado para salir de una obligación que habían contraído libremente dos años. antes Ella no quería la casa si tenían que engañar para quedársela, él le gritó que serían dueños de la casa sin la deuda fraudulenta y salió echo una furia, tenía un largo viaje pendiente y ya era tarde.

Cuando regresó, su esposa se preparaba para irse. El banco amenazaba con embargarlos y ella no tenía el dinero para hacer los pagos. Le dijo a Bill que empacará sus propias cosas, que vivirían en lugares diferentes.

Bill estaba furioso. Llamó a la compañía de eliminación de deuda, demandando saber por qué su deuda no había sido eliminada.

El representante al teléfono era muy hábil. La deuda ya había sido eliminada, porque para empezar nunca existió.

Entonces ¿por qué –preguntó– estoy perdiendo mi casa?

El representante con mucha calma le explicó que el sistema bancario ilegal tenía un control indebido de las cortes y el sistema legal. Mientras que la deuda no era real, los bancos tenían la habilidad de imponer su fraude a través del uso corrupto del poder judicial.

Bill estaba furioso una vez más, esa fue la respuesta que obtuvo pero que no le devolvía su casa. Había pagado $1,500 para que su deuda fuera eliminada, no quería excusas.

El representante insistió que ellos no tenían control sobre el sistema de tribunales. Ellos solo le ayudaron con el papeleo. Lidiar con el uso corrupto del poder y la toma ilegal de hogares estaba más allá del alcance de sus servicios.

Bill demandó que le regresaran los $1,500. Pero el representante le dijo que eso era imposible, pues ellos le habían ayudado a llenar el formato de dos páginas y su tarifa había sido cobrada.

Bill ahora estaba angustiado. Había perdido a su esposa y estaba a punto de perder su casa. Llamó a su padre y le contó toda la historia.

Si bien George fue solidario y lo calmó, también le dijo que tendría que haber sabido lo que pasaría.

Bill quería saber por qué.

Su padre lo hizo entender que había caído en una ESTAFA.

La lección de esta historia es que debes alejarte de los programas de eliminación de deuda hipotecaria. La única ayuda que otorgan es a sí mismos y solo hacen que tengas más problemas.

Bancarrota

La palabra bancarrota por si misma puede evocar una gran variedad de emociones como vergüenza, rechazo y miedo, si has pasado por una quiebra, quizá desearías que nunca hubiera ocurrido. Si nunca has tenido que hacerlo, quizá puedas juzgar como financieramente irresponsables a aquellos que sí. La verdad es que los eventos comunes de la vida como el divorcio, que algún negocio se venga abajo, una demanda, una enfermedad inesperada, pueden arrojar por la ventana la vida financiera de cualquier persona y hacerlos caer en bancarrota.

De acuerdo a una investigación sobre familia y bancarrota, que realizó la profesora en leyes Elizabeth Warren de la Universidad de Harvard, nadie es inmune a la bancarrota. Ocurre a cualquier nivel de ingresos, "los datos muestran que las familias que se declaran en bancarrota... estaban dentro de la sección de clase media", nos explica. La investigación reportó que los deudores son:

- De un nivel educativo ligeramente superior al promedio estadunidense.
- La mezcla se compone, aproximadamente, de un 50/50 de dueños de casas y arrendatarios.
- Empleados en un amplio rango de ocupaciones del mercado de trabajo estadunidense.

Además:

Cerca de un 90% podría clasificarse como "clase media solida"

- Dos de cada tres deudores habían perdido su empleo no mucho antes de declararse en bancarrota.

- Casi la mitad tenía problemas de salud.
- Una quinta parte de los deudores se habían divorciado recientemente.

De hecho, Warren opina que el empleo, los problemas de salud y el divorcio aplican en el 80 % de los casos.

La más temible estadística sin embargo, es esta: es mucho más probable que una mujer se declare en bancarrota si tiene hijos.

¿Qué pasa en la bancarrota?

En la actualidad, la mayoría de las personas se declara en bancarrota bajo al artículo 7 del código. A esto se le llama "bancarrota directa". Declararse bajo el artículo 7, significa que algunas o todas las deudas se saldan (o se dan de baja). A cambio, puede perder una propiedad que no estaba "exenta" de la quiebra.

Por lo general, el proceso toma de 60 a 90 días, y una vez que se completa, los deudores pueden empezar a reconstruir sus vidas financieras. Mientras que estos consumidores deberán pagar tasas de interés más altas y tendrán mayor dificultad para restablecer su crédito, podrán iniciar de nuevo una vez que su proceso de bancarrota esté completo.

Un porcentaje pequeño de consumidores se declara bajo en bancarrota bajo el artículo 13. Con frecuencia se le llama "plan de asalariado". Bajo el artículo 13, el consumidor accede a pagar una parte de sus deudas de acuerdo a un plan hecho por un tribunal y administrado por un fideicomiso. Los consumidores eligen el artículo 13 cuando quieren hacer un esfuerzo de buena fe para pagar sus deudas, o cuando no califican para entrar al artículo 7, o porque tienen algún activo que desean conservar y que, bajo el artículo 7, perderían.

Por lo general, los deudores no son capaces de reconstruir su crédito hasta que se completa su plan de bancarrota. Pero tiene su lado bueno, las bancarrotas bajo el artículo 13 se borran de los reportes de crédito después de 7 años, mientras que las bancarrotas bajo el artículo 7 se borran 10 años después.

Algunas cosas que debe entender acerca de la bancarrota:

1. La bancarrota puede detener los intentos de sus acreedores por cobrar, lo que le da tiempo para lidiar con sus deudas, pero incluso el artículo 7 no las eliminará todas. Por ejemplo, todavía tiene que hacerse cargo de los préstamos de estudiante, la mayoría de deudas por impuestos, la manutención de los hijos y esposa. Si bien el embargo se pospuso, todavía debe pagar la hipoteca y ponerse al día con las mensualidades si quiere conservar su casa. Un abogado puede darle más detalles.

2. Hay que pagar los costos del abogado y del proceso, que pueden ascender a algunos miles de dólares. Existen algunas compañías que ofrecen asesoría para que lo haga usted mismo, pero si le es posible, consiga un abogado porque puede resultar muy difícil navegar por ese proceso.

3. Si tiene deudas co-firmadas con otra persona y quiere declararse en bancarrota pero la otra persona no, entonces ambos estarán enganchados al total de la deuda.

Si cree que la bancarrota es inevitable, lo mejor es que se ponga en contacto con un abogado lo más pronto posible para discutir el caso. Mucha gente comete errores costosos, que se pueden evitar si se entiende el proceso. Un buen ejemplo es un caso del que ya hemos hablado: retirar dinero de un fondo de retiro con el fin de pagar las cuentas para, de todas maneras, terminar en bancarrota. Ese fondo de retiro está protegido contra los acreedores. Es mejor ir a la bancarrota con su fondo de retiro a salvo y que quizá puedas usar una vez que el proceso haya concluido.

Estrés y deuda

De acuerdo a una encuesta realizada por Myvesta, casi la mitad de las personas con problemas de deuda puede clasificarse como deprimidas. De ellos, casi el 40 por ciento reportó síntomas de depresión severa. En comparación, algunos estudios muestran que el 9.5 por ciento de la población en general sufre depresión clínica.

Esto significa que, si debido a las deudas estás pasando un mal momento, quizá lo primero es hacer una cita con el medico e intentar tener bajo control cualquier problema relacionado con la depresión. Es muy difícil hacerse cargo de la vida financiera cuando tan sólo el hecho de levantarse de la cama es un desafío. Además, como lo mencionamos en el primer capítulo, hay estudios que demuestran que ciertos medicamentos pueden ayudar a quienes tienen el problema de gastar de manera compulsiva.

Un error costoso

El error más grande que la gente comete cuando está hasta el cuello de deudas, es posponer. Es el síndrome del "siervo y los faros", los asesores de crédito y los abogados de lo ven todo el tiempo. Es dolorosamente obvio para todos, excepto para la persona que debe, que necesita tomar una decisión o no le van a quedar muchas opciones.

La otra reacción es lo que el experto financiero Steve Rhode de GetOutofDebt.org llama "pensamiento mágico". Por lo general, los estadunidenses son optimistas. Compramos billetes de lotería y gastamos el ingreso de mañana, hoy. Esto puede ser un error costoso si desea salir de tus deudas.

Como lo dice Elizabeth Warren en su libro, *The Two Income Trap* (*La trampa de los dos ingresos*): *"el peligro más grande para una familia en dificultades financieras no son los acreedores (aunque pueden ser los más molestos). El mayor peligro es el falso optimismo.* Lo hemos escuchado una y otra vez en nuestras entrevistas (para su estudio de bancarrota) "pensamos que Mark encontraría trabajo de inmediato... no creímos que el abuelo pudiera durar tanto en esas condiciones". Estas familias sabían que habían sido golpeadas por el desastre, pero no respondieron con agilidad porque creían que saldrían de ello con rapidez".

No deje que la deuda lo asuste y paralice, conozca sus opciones, actúe para obtener la ayuda que necesita y pueda concentrar su tiempo y energía en crear un futuro financiero positivo.

Parte dos

Medidas de emergencia para situaciones de crisis

Capitulo siete

Problemas de préstamo para auto

Los autos son caros. No es poco común que un auto nuevo cueste $30,000, y cualquier auto de lujo puede costar mucho más. El préstamo promedio hoy en día tarda más de cinco años en ser liquidado.

¿Esto qué quiere decir? Quiere decir que usted, al igual que muchas personas, quizá esté de cabeza por su auto, debe más de lo que vale. Quiere decir que si quiere deshacerse del auto, no tiene más opción que pedir otro préstamo más caro, que pague un auto nuevo y el saldo del anterior.

También puede significar, que los pagos que hacía cuando le dieron el préstamo, quizá no sean tan fáciles de cubrir ahora, en especial si su ingreso ha disminuido o ha tenido que gastar en costosas reparaciones. Y no olvidemos el precio de la gasolina.

Si tiene problemas para mantenerse al día con los pagos, aquí hay varias opciones que debe considerar:

Refinanciar: Muchas personas ignoran que los préstamos de auto, al igual que otros tipos, se pueden refinanciar. El mejor momento para hacerlo es antes de que se atrase. Incluso si su crédito no es perfecto puede encontrar a alguien que refinancie.

Vender: Si no está de cabeza, es decir debe menos de lo que su auto vale, quizá quiera vender y adquirir uno más barato mientras tanto. Es mejor hacer eso, a que lo subasten por mucho menos de lo que podría obtener por su cuenta. Quizá consiga que el acreedor esté de acuerdo en que un prestatario solvente asuma el crédito, pero seguramente tendrá que negociar. Si su vehículo es de arrendamiento puede cancelar el contrato, pero primero infórmese bien.

Arreglarlo: Si ha tenido un préstamo de auto por lo menos seis meses, y ha hecho sus pagos a tiempo, quizá el prestamista esté dispuesto a modificar el plan de pagos. Hay muchas formas de hacerlo: saltarse uno o dos pagos y liquidarlos al final, que permitan hacer pagos pequeños durante algunos meses hasta que se regularice. En algunos casos, se puede modificar el préstamo completo. Depende de su situación y de las políticas del prestamista.

Es esencial que cualquier acuerdo con sus acreedores sea por escrito. Y no asuma nada. Puede asumir, por ejemplo, si hizo un trato para bajar el monto de los pagos, que el prestamista no va a reportar a las agencias de crédito que está pagando fuera de tiempo. Esa suposición puede estar equivocada. Sea prevenido y negocie todo lo que pueda.

Devolver: En una reposición voluntaria entrega el auto y ahorra al prestamista los gastos de reposición. Puede aparecer en su reporte de crédito, y se considera muy negativo, pero eso también es negociable. Hable con su prestamista si es su única opción, si lo convence de la gravedad de su situación, quizá puedan resolverlo.

Consiga ayuda: ¿Qué pasa si no puede arreglarlo? ¿O si su ingreso es inestable o bajo y es poco probable que la situación mejore? Si su auto es vital para ir a trabajar, o para llevar los niños a la escuela o a la guardería, por ejemplo, quizá quiera concentrarse en pagar este préstamo primero y dejar las otras deudas (las tarjetas de crédito) hasta que esté al corriente. O use el consejo del capítulo anterior y trabaje con una agencia de asesoría acreditada o una firma de liquidación de deuda, quizá pueda hacer algunos recortes en otras deudas para ponerse al corriente con las que son esenciales.

Bancarrota: Puede ser otra opción. Si aplica, quizá pueda conservar su auto sin tener que ponerse al corriente con los pagos atrasados. Y en algunas situaciones, pudiera solo pagar el valor actual del auto (a diferencia del préstamo completo), así como extender los pagos. Para mayor información, hable con un abogado especializado.

Reposesión del vehículo

Si se atrasa en los pagos del préstamo de auto, o por arrendamiento, el prestamista (o arrendador) puede tener el derecho a tomar posesión del vehículo. Cada estado tiene sus propias leyes, pero en muchos de ellos, la reposición puede ocurrir con rapidez, sin ningún tipo de advertencia o permiso de la corte. Además, el prestamista también pudiera tener el derecho de vender su contrato de préstamo a un tercero, que puede tomar posesión del vehículo si se atrasa con los pagos o por incumplimiento de contrato.

Hay algunos límites para la reposesión, sin embargo, si el prestamista viola las reglas, puede tener derecho a pago por daños y perjuicios.

Retrasarse

Mucha gente piensa erróneamente que si se atrasa con el préstamo o arrendamiento de su carro, mientras siga pagando, no pueden tomar posesión del vehículo. Quizá también crean que esto no puede ocurrir a menos que tengan un retraso de treinta días. Pero no es así.

En el contrato que firmó cuando le otorgaron el préstamo, se especifica la definición de "por omisión" (default). No pagar a tiempo una sola vez puede ponerle en situación de por omisión. Esto puede ocurrir también con su seguro. Además, incurrir en omisión permite a algunos acreedores "acelerar" el préstamo, y exigir que sea liquidado de inmediato. En algunos estados, los acreedores deben notificar cuando incurre en esta situación y darle la oportunidad de ponerse al corriente antes de tomar posesión del vehículo.

Mientras que por lo general los acreedores pueden ir a su propiedad y llevarse el auto, no pueden cometer lo que se llama "alteración del orden público". Esto puede incluir:

- Llevarse el auto de un estacionamiento cerrado sin su permiso.
- Usar la fuerza física o amenazas para llevarse el auto.

Muchas veces ocurre, sin embargo, que quien recupera el auto entra a su propiedad y se lo lleva, puentea los cables o utiliza un duplicado de la llave para hacerlo.

Si tiene algún artículo dentro del auto, tiene derecho a que se lo devuelvan. Pero tiene que hacer el reclamo con rapidez (a veces dentro de las 24 horas siguientes) así que no lo deje para después, si se llevaron su vehículo reclame sus objetos de valor.

La oficina de tránsito le dará información acerca de las leyes que aplican por reposesión de vehículo. Si los acreedores alteran el orden público tratando de tomar posesión del auto, podrían verse obligados a una compensación si lo lastiman o dañan su propiedad.

Ventas de reposesión

Una vez que recuperan el vehículo, lo venderán. Esto normalmente ocurre en una subasta pública, algunos estados permiten también ventas privadas. Siempre tiene derecho a redimir el vehículo antes de que sea vendido si paga el total de la deuda, además de costos y honorarios. (Desde luego, si estuviera en posición de hacer algo así, para empezar no habría perdido el auto.)

En otros estados, la ley es más amigable con el consumidor. En esos estados puede restablecer el préstamo si hace los pagos atrasados, además de los costos de reposesión y otros gastos relacionados (por ejemplo los honorarios del abogado). Esto puede ser difícil si de por si está atrasado con los pagos, pero quizá pueda llegar a un arreglo temporal si un amigo o familiar le presta dinero para ponerse al día, por supuesto, tiene que mantenerse al corriente con los pagos o corre el riesgo de perder el auto de nuevo.

Si el carro se vende, cualquiera que sea la cantidad, menos los gastos de reposesión y de venta del auto, la diferencia, se aplicará al saldo del préstamo. Estas subastas no suelen dejar mucho dinero, así que es probable que se le cobre el déficit. Por ejemplo, si debe $15,000, se subasta por

$10,000, y el costo de reposición y venta fue de $1,500, entonces el déficit será de $6,500.

Si no puede pagar el déficit es probable que el acreedor deje ese saldo a una agencia de cobranza o lo demande y lleve un juicio por esa deuda. O sea que los dolores de cabeza no han terminado, aún cuando ya no tenga el auto. Así que ahora no tiene el auto, su historial crediticio está dañado y todavía debe el saldo restante.

Además, si no puede pagar el déficit y el acreedor no ha podido cobrarle, quizá reporte el saldo a la oficina de impuestos, la cual considerará el balance sin cobro como ingreso y cobrará los impuestos correspondientes sobre esa cantidad, a menos claro que pueda demostrar que no es solvente. Discutiremos más adelante el tema de condonación de deuda.

De vuelta a la posesión del vehículo. Si el auto se vende, debió venderse de "una manera razonablemente comercial". Insisto, eso no quiere decir que haya sido vendido por una gran cantidad de dinero, pero tampoco se puede vender por muy poco, para que el vendedor pueda hacer el contrato y embolsarse la diferencia. Muchos vehículos de subasta se venden a las agencias automotrices, que ofrecen un precio suficientemente bajo para revender el vehículo y todavía ganar un margen.

Si cree que su vehículo no se vendió de una manera razonable, sería buena idea hablar con un abogado.

Fiadores, tengan cuidado. Si es firmante solidario por un vehículo, y el prestatario no pagó, enfrentarán las mismas consecuencias, y en la mayoría de los casos, el acreedor ni siquiera debe notificar al fiador que el préstamo presenta una demora.

Ejemplo: John fue el fiador de un préstamo para su suegro, que necesitaba el vehículo para ir a trabajar. Cuando el suegro enfermó, no pudo cumplir con los pagos y los acreedores recuperaron la camioneta. John no sabía del problema y su suegro murió poco tiempo después.

Tres años después, John empezó a recibir llamadas de agencias de cobranza por un déficit de $20,000 sobre la camioneta. No pudo pagarlo, pero se las arregló para mantener a los acreedores a raya por algunos años. Finalmente, después de que los acreedores se dieron por vencidos, recibió una notificación de que el saldo había sido reportado a la oficina de impuestos (Internal Revenue Service IRS). Recuerde que cuando una deuda es dada de baja (dejan de intentar cobrarle) es como si hubiera "ganado" la cantidad condonada. Como resultado, John tuvo que pagar impuestos como si esos $20,000 hubieran sido su ingreso.

Si tiene problemas porque fungió como fiador en un vehículo, trate de llegar a una solución razonable con el acreedor, o hable con su abogado.

Pero ahora veamos una de las deudas más grandes en que podría incurrir...

Capítulo ocho

Problemas hipotecarios

En la primera década del siglo XXI muchos estadunidenses pensaban que sus hogares eran máquinas de dinero o inversiones seguras. En la segunda década, esos mismos hogares se han convertido en prisiones, manteniendo a sus propietarios atrapados, a menudo en sitios literalmente bajo el agua. Si tiene un crédito hipotecario y problemas para mantenerse al corriente con los pagos, no es nada inusual: De hecho, en 2012, cerca de dos millones serán embargados, y casi una de cuatro casas con hipoteca se considera un patrimonio negativo, quiere decir que el valor de la casa es menor que la deuda. Según algunos estimados, tomará décadas cerrar todos los casos actuales y futuros de embargo. Desde luego, esto aumenta el precio de los bienes raíces en los próximos años. Ahora que sabe esto, sea realista acerca de su situación.

Si está atrasado con la hipoteca, es importante actuar y hacer un plan. Debe tener dos metas:

1. Tomar una buena decisión acerca de lo que hará con su casa. Esto puede ser más difícil de lo que imagina pues los acreedores han hecho un buen trabajo haciendo creer que se trata casi de una decisión moral, en lugar de una decisión de negocios. Infórmese – pida el consigue de un experto– para tomar la mejor decisión.

2. Minimice las consecuencias financieras, sea cual sea la decisión. Su meta es tomar la mejor decisión posible, aceptar las consecuencias y seguir adelante con sus planes sin mayor desastre financiero (impuestos, demandas) pendiente sobre su cabeza. Esa es la actitud

de los ganadores.

Mucha gente buena y trabajadora pierde su casa en el embargo, y una de las razones principales es que simplemente rehusan a admitir que tienen problemas. Continúan esperando una solución que los saque adelante, pero no llega. Es fácil sentirse abrumado y con miedo. Pero esperar a que llegue una solución será caro y disminuirá sus opciones. Si esta en problemas, encuentre una solución ya.

El embargo funciona dependiendo el estado en que viva, y el juicio o puede tomar muy poco tiempo, un año y medio o más.

Si pierde su casa por la ejecución de la hipoteca y el acreedor obtiene menos de lo adeudado (más impuestos) en la venta, habrá un déficit. Por ejemplo, si debe $100,000 de la hipoteca y el acreedor gastó $7,000 en gastos de ejecución y venta de la propiedad, y solamente recibió $90,000 por la casa, hay un déficit de $17,000 (100,000 + 7,000 – 90,000). Si hay un déficit, puede enfrentar dos desagradables sorpresas:

1. El prestamista puede reportar esta cantidad "condonada" a la oficina de impuestos y tendrá que pagar impuestos como si esa cantidad hubiera sido un ingreso. Si ese es el caso, hable con un abogado y, si califica, quizá pueda eliminar ese impuesto, abordaremos este tema más adelante.

2. El acreedor puede demandarlo por el monto del déficit –la diferencia entre lo que debe más gastos y lo que recibieron por la venta de la propiedad. Esto significa que aún después del embargo el acreedor seguirá cobrando. Estas demandas no son muy comunes, pero puede cambiar en el futuro, cuando los acreedores empiecen a vender sus cuentas a las firmas de cobranza. Si tuvo un segundo préstamo u otros gravámenes sobre la propiedad y el primer acreedor ejecuta la hipoteca, quizá tenga a dos acreedores persiguiéndolo por el déficit.

3. Los gravámenes fiscales deben pagarse antes de que se venda el inmueble.

En ocasiones dejar que se ejecute la hipoteca es la mejor opción entre diversas malas opciones. Pero en muchos casos buscar de manera activa una alternativa al embargo, le permite dejar atrás todo el desorden financiero.

He aquí algunas estrategias:

Ponerse al día con los pagos: En algunos estados puedes detener la hipoteca pagando la cantidad atrasada además de otros cargos vencidos. En otros, esto no detiene al acreedor de ejecutar la hipoteca. Pero claro, si pudiera hacer esto no se hubiera metido en este lío en primer lugar.

Vender: Si el mercado es fuerte y hay suficiente capital en su casa para pagar los costos de cierre asociados a la venta, quizá lo mejor sea vender. El acreedor puede, incluso, suspender la ejecución de la hipoteca para que tenga tiempo de vender. Asegúrese de tener todos los acuerdos con el acreedor por escrito.

Si está atrasado en sus pagos, piénselo dos veces antes de intentar vender la casa por su cuenta o con un agente de medio tiempo para ahorrarse la comisión del agente de bienes raíces. Si tiene poco tiempo, lo ideal es contratar un agente de tiempo completo con un récord excelente, que ponga en venta su casa de manera agresiva para una venta rápida. Tenga cuidado con los agentes de bienes raíces que ofrecen vender por una gran suma, solo para que los contrate. Necesita ser realista en sus expectativas y vender la casa antes de perderla.

Permitir una transferencia de los pagos: Si sus pagos son razonables pero no tiene suficiente patrimonio para vender, quizá sea posible transferir a un comprador que quede "sujeto" a la hipoteca actual. En otras palabras, el comprador se hace cargo de los pagos de la hipoteca y refinancia el préstamo para pagarle en una fecha acordada a futuro. Quizá sea posible conseguir algo de dinero del acuerdo para mudarse a otro lugar. Esto lo mantendrá libre de las ejecuciones de la hipoteca y su crédito en buen estado.

Existen dos inconvenientes: en primer lugar, la mayoría de los préstamos no se pueden transferir. Esto significa que no puede simplemente permitir que alguien se haga cargo de la hipoteca. El contrato del préstamo, por lo general, tiene una cláusula de aceleración que permite cobrar el total del préstamo si se enteran que la casa fue vendida a un tercero. Mientras reciban sus pagos mensuales la mayoría de los acreedores no aplicarán está cláusula, pero siempre existe el riesgo.

La segunda advertencia es un riesgo serio. Hay quienes se aprovechan de los dueños de propiedades que se encuentran en per ejecución. Utilizan diversas tácticas para, esencialmente, comprar la casa muy barata. Uno de estos esquemas consiste en que el "comprador" ofrece hacerse cargo de sus problemas financieros alquilando la casa. En muchos casos hacen que ponga la escritura a nombre de ellos y prometen hacer los pagos de la hipoteca. Cobran el alquiler, pero no pagan la hipoteca por lo que la casa termina embargada de cualquier modo.

También existe la venta fraudulenta/acuerdo de arrendamiento posterior en donde quien invierte accede a comprar su casa y alquilársela con la promesa de que, más o menos en un año, su crédito quedará reparado y estará en posición de comprar su casa de nuevo. Pero los términos de este acuerdo usualmente son tan onerosos, que termina perdiendo la casa, a menudo a un precio ridículamente bajo.

Esto no significa que trabajar con un inversionista para evitar el embargo sea siempre una mala idea; en algunos casos puede ser la mejor opción. Pero como es una transacción emotiva y arriesgada, tenga cuidado.

Elija un inversionista con experiencia.

Rentar: Si su pago mensual es atractivo, quizá encuentre a quien rentar su casa; alguien que cubra los pagos mientras usted resuelve sus dificultades financieras. Desde luego esto puede ser riesgoso, porque si el inquilino incumple los pagos, tendrá que lidiar con desalojarlo, a la vez que intenta conservar la casa. Si considera esta opción, asegúrese de contratar una compañía que haga una investigación completa de a quién renta, pida un depósito y dos rentas anticipadas, y considere contratar una compañía que administre la propiedad por una tarifa mensual.

Devolver: Con un "acuerdo *in lieu* de ejecución hipotecaria", le ahorrará al acreedor tiempo y dinero, evitando así el embargo. Esencialmente, se escritura la casa de nuevo al prestamista. Si bien esto puede ser reportado al historial crediticio (y constituir un punto muy negativo) quizá pueda negociar con el acreedor que no lo haga. Tenga en mente que si obtuvo una segunda hipoteca sobre la casa, o línea de crédito, escriturar al acreedor no elimina el segundo préstamo. El hecho de que ya no tenga la casa, no implica que los acreedores dejarán de cobrar el segundo préstamo.

Nota: En futuros formatos de solicitud de hipoteca pueden preguntar si alguna vez ha transferido el titulo de vuelta al acreedor para evitar la ejecución hipotecaria, así que si no aparece en el reporte crediticio, aún puede surgir.

También tenga en cuenta que no puede simplemente enviar las llaves de vuelta al acreedor. En muchos casos, los acreedores tienen ya muchas propiedades devueltas en su inventario, y quizá que no quieran otra casa. Si desea tomar ese camino, asegúrese de tener un abogado con experiencia en este tipo de asuntos, le ayudará a negociar la escritura, se asegurará de que el papeleo esté completo, y la casa quedará oficialmente transferida al banco.

Refinanciar: Si su casa acumuló patrimonio, quizá pueda refinanciar antes de la ejecución de la hipoteca. Puede resultar complicado, y lo último que desea es desperdiciar su tiempo con un acreedor o un corredor que promete mucho y después no conseguirá el crédito. También debe tener cuidado con las altas tasas de interés o los prepagos de sanción en que podría incurrir, lo que hará más difícil que venda en caso de necesidad. Si está desesperado por salvar su casa, podría estar dispuesto a hacer lo que sea, pero los créditos depredadores no hacen más que empeorar las cosas. Asegúrese de tratar con un corredor o acreedor que haya ayudado a otras personas con problemas, y tome una decisión, no permita que sus problemas lo arrastren demasiado.

Descuento de documentos (Short Sale): Si debe una cantidad cercana al valor de la casa –o más de lo que vale– quizá pueda convencer a su acreedor de realizar un *short sale*. Necesitará que alguien compre su casa (y no, no puede ser un pariente) y lo mejor es hacerlo con un profesional de bienes raíces con experiencia en este tipo de ventas, o un inversionista que haya manejado con éxito este tipo de transacciones, simplemente porque ellos saben como negociar con el acreedor.

Ejemplo: Digamos que su casa vale alrededor de $80,000 y usted debe cerca de $75,000. Aún si la vende por los $80,000 completos, el costo de cierre y la comisión de la agencia de bienes raíces harán un hueco en la cantidad, la cual no puede pagar usted porque ya está atrasado en sus pagos. Además, si se atrasó con la hipoteca es probable que haya pospuesto reparaciones y mantenimiento de la casa, y no se encuentre en condiciones perfectas.

Un inversionista inteligente de bienes raíces podría lograr que el banco reciba $65,000 y usted un poco de dinero para que pueda mudarse. El banco obtiene más de lo que ganaría con un embargo, usted lo evita (además de un posible déficit) y se muda a un sitio nuevo.

Siempre haga que un abogado en bienes raíces revise el papeleo antes de cerrar un trato de este tipo. Debe tener la certeza de que el acreedor no podrá cobrarle algún déficit años después.

Resuélvalo: El acreedor puede acceder a modificar el préstamo para darle la oportunidad de ponerse al corriente. Algunas de las modificaciones pueden incluir:

- Dejar para el final los pagos atrasados.
- Que le permitan ponerte al corriente con los pagos atrasados sumándolos a los pagos actuales durante unos meses.
- Que le permitan pagar sólo intereses, además de cualquier otro impuesto o pago de seguro durante un periodo de tiempo.
- Que reduzcan su tasa de interés y los pagos por penalización.

Comprenda que el acreedor va a querer los detalles de tu situación financiera para comprobar que está en una situación difícil, pero también va asegurarse de que puede ponerse al corriente con los pagos en el futuro. Esta no sería una solución realista si por ejemplo, su salario se ha reducido y no tiene un ingreso extra asegurado que le permita estar al corriente con las cuentas.

Hipotecas y miembros de la milicia

Si sirves en la milicia tienes algunos derechos (como debe ser). La Ley de Alivio Civil para soldados y marinos de 1940 (Soldiers' and Sailors' Civil Relief Act – SCRA), y más reciente la Ley de Alivio Civil para miembros de servicio del 2003 (Service Members Civil Relief Act), que actualiza y extiende la primera ley, ayuda a proteger a los militares activos y a sus familias de una ejecución de hipoteca. Está ley brinda el cese temporal de la ejecución hipotecaria y otras acciones de cobranza, pero que pagar el préstamo de todas maneras.

¿Esta ley me protege? Solo si usted:

1. Esta en servicio activo o es fiador o dependiente de un miembro del servicio activo,
2. Si usted o sus dependientes aún son dueños de la propiedad,
3. Los términos de la deuda se arreglaron antes del servicio activo y está garantizado con escritura,
4. El acreedor ha empezado el proceso de ejecución de hipoteca, y
5. Su capacidad de pago se ha visto materialmente afectada por el servicio militar.

Si califica, puede ampararse bajo esta ley para reducir la tasa de interés y por lo tanto sus pagos. Una vez que es llamado al servicio activo, y en teoría gana menos dinero, debe pedir una reducción de la tasa de interés. No espere a que se convierta en un problema. Puede hacer la solicitud por escrito a su acreedor. Envíe la carta por correo certificado, con acuse de recibo.

Si el acreedor ignora su solicitud y lo embarga (o embarga por cualquier razón), la Ley de Alivio Civil le otorga el derecho a detener el proceso. Notifique a su acreedor que está en servicio activo, muchos acreedores saben que la corte los va a sancionar (con deudas monetarias) por ejecutar una hipoteca sobre un dueño en servicio activo. Si su acreedor insiste, la ley le da el derecho a demandarlo para detener el embargo.

Si necesita un abogado que ayude con estos temas hay recursos a su disposición que puede consultar en una oficina de asistencia legal. Hablaremos de algunos otros derechos que otorga esta ley más adelante en el libro.

Declararse en bancarrota: Declararse en bancarrota puede dilatar la ejecución de la hipoteca, pero no borra la deuda. Dependiendo de las leyes del estado, qué tan atrasado esté con sus pagos y bajo qué articulo se declare en bancarrota, tiene que llegar a un acuerdo para ponerse al corriente y después continuar con sus pagos.

A veces, detener la ejecución de hipoteca es lo que necesitas para vender tu casa o conseguir un inversionista que la compre en una situación de venta corta (vas a necesitar el permiso de la corte). En otras situaciones, la declaración de bancarrota puede borrar otras deudas haciendo posible que continúes pagando tu hipoteca.

Y ahora, aprendamos un poco más...

Capítulo nueve

Préstamos estudiantiles

Los estudiantes de hoy necesitan graduarse en Administración de deudas.
Mientras que la deuda de tarjetas de crédito de estudiantes es un problema en crecimiento, con frecuencia es nada comparada con el problema que representan los créditos para educación. Los costos de la educación superior son tan altos que muchos estudiantes no tienen otra opción que pedir prestado. Y a veces piden prestado tanto como es posible, asumen que no tendrán problema para pagar una vez que empiecen a trabajar y a ganar un salario.

El estudiante promedio se gradúa con una deuda de $200,000. ¿Por qué un número tan alto? Primero, los colegios y las universidades se han convertido en derrochadores, justo como el Gobierno Federal. Emplean demasiados burócratas que no añaden nada a la dinámica educativa. Segundo, muchos estudiantes (y sus padres) asumen también que una educación superior se verá recompensada con mejores beneficios o salarios más altos, sin importar el campo de trabajo. No es raro que los futuros maestros o trabajadores sociales, por ejemplo, se gradúen con una deuda de $30,000 o mayor, solo para ganar un salario inicial de poco más de $30,000 o no encontrar trabajo.

Retrasarse con un préstamo de estudiante puede salir muy caro. Los costos de cobranza suelen ser elevados, además de los intereses que ya está pagando. A diferencia de otras deudas donde los acreedores tienen un cierto número de años para demandar, las deudas de estos préstamos federales pueden atormentarle por años y años. (Los créditos privados están sujetos a una ley de prescripción.) Y es extremadamente difícil liquidar la mayoría de los préstamos de estudiante con la bancarrota.

Adicionalmente, en el futuro enfrentará muchas dificultades para obtener un nuevo préstamo de este tipo; podrían embargar su reembolso de impuestos; podrían embargar su salario, sin el beneficio de un juicio, por lo que será muy difícil ponerse al día y pagar la deuda.

Sin embargo, hay unas buenas noticias. Si ha incumplido con el préstamo federal, pero entra a un programa de rehabilitación de crédito, y hace doce pagos consecutivos a tiempo, puede regularizar la situación. (Nota, no puede retrasarse ni un solo día.) Cuando lo logra, los pagos atrasados anteriores desaparecen de su reporte de crédito. Otra opción es investigar si puede consolidar el préstamo de estudiante. Vea la sección de recursos para mayor información.

Aquí hay algunas estrategias opcionales que Gerri Detweiler, nuestra editora, ha encontrado, son útiles para lidiar con este tipo de deudas:

Cancelación: Los créditos de estudiante pueden ser cancelados en parte o por completo en cualquiera de las siguientes condiciones:

- Discapacidad total o permanente: El préstamo puede darse de baja si un doctor certifica que está, total y permanentemente discapacitado, por lo tanto incapaz de trabajar o ganar dinero.

- Cierre de escuela: Si recibió un préstamo en una escuela que cerró antes de que completara sus estudios, puede ser elegible y dar de baja el préstamo.

- Capacidad para beneficiarse: El préstamo puede darse de baja si la escuela admitió que, con base en sus habilidades de aprovechamiento, no fue correctamente puesto a prueba para medir sus habilidades o reprobó la prueba.

- Anulación por el servicio de familia y menores: Su crédito de estudiante podría ser anulado si es la única persona que "provee o supervisa la provisión de servicios a niños de alto riesgo en comunidades de bajo ingreso, y a las familias de esos niños".

- Baja para maestros: Puede ser elegible para anulación de

préstamo estudiantil si es maestro de medio tiempo en una escuela de bajos ingresos, según lo determine la agencia de educación del Estado; maestro de educación especial, incluyendo maestro de niños o jóvenes con discapacidad; de matemáticas, ciencias, idiomas extranjeros, o educación bilingüe, o cualquier otra especialidad que la agencia estatal de educación considere con escasez de docentes calificados.

- Falsificación de firma: Si considera que alguien falsificó su firma en la solicitud de préstamo, pagaré o autorización de la transferencia electrónica de fondos, puede aplicar para una anulación del préstamo.

- Reembolso: Quizá también pueda calificar para una liquidación parcial de un préstamo Directo o FFEL, si la escuela no pagó el reembolso de colegiatura requerido por la ley federal.

- Muerte: En caso de fallecimiento, si tiene un préstamo importante, debe ser anulado sin cargo a su sucesión.

Prórroga: La prórroga permite posponer de manera temporal los pagos. Si tiene que pagar intereses o no, de la parte de tu crédito que fue diferida, depende del tipo de préstamo. Las razones que aplican para la prórroga tradicionalmente son: mala situación económica o desempleo, despliegue militar, matricularse en la escuela, en un programa de pasantía, etcétera. Debido a que los programas cambian, es buena idea verificar con su acreedor, o en los sitios web sobre préstamos estudiantiles de la sección de Recursos, para saber si la prórroga es una opción para usted.

Tolerancia: Si temporalmente no le es posible de hacer los pagos pero no existe la opción de la prórroga, quizá puedes tener un periodo de tolerancia –por lo general, hasta doce meses en cada ocasión, para un total de treinta y seis meses. Durante la tolerancia, los pagos se posponen o reducen. Con independencia de si el préstamo es subsidiado o no, se cargarán intereses.

Es muy importante contactar al acreedor en caso de prórroga o tolerancia, antes de retrasarse con los pagos. Si espera hasta estar atrasado, quizá ya no tengas derecho a estas opciones. Continúe haciendo los pagos hasta que la prórroga sea aprobada.

Si la prórroga o la tolerancia es aprobada, esto no se verá reflejado de manera negativa en el reporte de crédito y no debe dañar su historial crediticio.

Plan de pago para graduados. Con uno de estos planes los pagos iniciales son bajos y aumentan con el tiempo. Puede ser adecuado para un estudiante que apenas empieza y espera que su salario incremente, conforme gana experiencia. Precaución: algunos de estos planes pueden estirar el préstamo hasta treinta años.

Plan de pagos extendido: Un plan de pagos extendido permite pagar el préstamo entre doce a treinta años, en lugar del plan estándar de diez. Es más caro, pero los pagos son muy bajos, así que quizá valga la pena.

Plan contingente de ingresos: Con uno de estos planes el pago se determina sobre la base del ingreso bruto ajustado (AGI por sus siglas en inglés) –tal y como se reporta en tu reembolso de impuestos– según el tamaño de la familia, la tasa de interés, y el monto total de la deuda del préstamo directo.

Consolidación: Si tiene más de un préstamo estudiantil, quizá pueda consolidar en un solo plan. Esto puede ahorrarle dinero si el nuevo pagos es más bajo que los anteriores, lo que ocurre con frecuencia porque es un nuevo préstamo. El pago consolidado se determina con el promedio de las tasas de interés de los préstamos que consolide y la tasa de consolidación la determina el gobierno. Así que no tiene ninguna ventaja ir con diferentes acreedores. En algunos casos, consolidar puede beneficiarle de dos formas. Una de ellas, desde luego, es detener los gastos de recaudación asociados a incumplir los pagos de un préstamo; la otra es que ayuda a su reporte de crédito. Si hace doce pagos consecutivos a tiempo, los pagos atrasados pueden ser eliminados. Para mayor información sobre consolidación de préstamos estudiantiles, vea la sección de Recursos.

Pago en base al ingreso: Este plan ofrece algo de alivio si su préstamo está bajo el programa de préstamo directo. Si califica para el plan de pagos basado en el ingreso, su pago mensual quedará topado a una cantidad adecuada a su ingreso y al tamaño de la familia y será menor que lo que tendría que pagar en un programa estándar de diez años.

Después de diez años bajo este esquema quizá pueda aplicar para la condonación del préstamo, si es que su campo de trabajo queda dentro de este programa. Debes trabajar en una área sin fines de lucro o algún otro que califique, como el servicio militar, las fuerzas públicas, la educación pública, la educación infantil, y otros campos. Para todas las demás áreas, puede aplicar para la condonación de la deuda después de pagar veinte años. Para más detalles visite IBRinfo.org.

Sea un prestatario inteligente

No es poco común que los préstamos de estudiantes se vendan, o que un estudiante tenga ocho o más préstamos. Y puede ser difícil estar al tanto de todos. Perder la pista de un préstamo, puede hacer que pronto se encuentre en problemas. El departamento de educación ofrece estos consejos para hacer un prestatario inteligente, tómelos en cuenta:

Guarde todos lo documentos del préstamo: Este consejo básico es uno de los más importantes. Si después no encuentra un pagaré, no puede recordar el tipo de préstamo que recibió, o no sabe a quién tiene que pagarle o cómo va el proceso de prórroga, si tiene dificultades financieras, va a tener muchos problemas. Guarde en un archivo todos los documentos relacionados con el préstamo desde el día uno, para que siempre tenga lo que necesita en un solo lugar. De esa manera, no estará confundido acerca de qué hacer o a quién contactar en caso de duda. Aún mejor: escanee los documentos y guárdelos en un servicio de almacenaje en línea como DropBox o Google Docs para que, en caso de extraviar los originales, siempre los pueda consultar. (Guarda tus originales también.)

Tome notas: Ya sea que hable con su acreedor o con el administrador del préstamo, lleve un registro de las personas con quienes habla, la fecha de la conversación y el tema de la misma. Si envía cartas, siempre incluya su número de préstamo y guarde una copia (y de las respuestas que reciba) en su archivo, y un respaldo en línea. De esta manera, siempre sabrá quien dijo qué y cuándo, o que es de mucha utilidad para evitar problemas y malos entendidos.

Notifique: Informe a la escuela y/o acreedor, por escrito, si cambia de domicilio, de nombre, de número de seguridad social, o si entra a la escuela. Debes asegurase de que su acreedor no lo pierda de vista. Si eso ocurre, podría retrasarse y convertirse en un cliente moroso. Además, podrían vender su préstamo, y no sabría a quién se lo vendieron o a quién tendría que pagar porque no fue notificado.

Pregunte: Si hay algo que no entiende o si tiene problemas para hacer los pagos, no espere a que las cosas se pongan mal –pida ayuda a su acreedor o al servicio de préstamos de inmediato.

Ahora abróchese el cinturón. Vamos a entrar a territorio de impuestos...

Capítulo diez

Cuando debe impuestos

De todas las deudas, las de impuestos son quizá las más estresantes. La oficina de recaudación puede ser muy agresiva para cobrar, y tiene poderosas, algunos dirían extremas, capacidades para cobrar que otros acreedores no tienen, como colocar un gravamen sobre su propiedad (o incluso incautarla), embargar su salario, incautar el dinero de la cuenta del banco, todo esto sin necesidad de ir a corte. Los gravámenes de impuestos son la única deuda que permanece en su reporte de crédito *para siempre* si no son saldados. Aún si los paga, permanecen en su reporte siete años; sin embargo, hay reglas relativamente nuevas que permiten solicitar que eliminen ese reporte de su historial crediticio. Veremos más adelante cómo funciona.

Si debe dinero a la oficina de impuestos, ya sea una deuda reciente o de años, es tiempo de que encuentre la manera de solucionar el problema. Aquí hay algunas opciones que debe considerar:

Use sus ahorros: Si tiene dinero guardado para pagar esta cuenta, utilícelo. Si tiene algún dinero ahorrado, pero no lo suficiente, lea la sección de planes de pago y ofertas compromiso.

Plan de pagos: Si actualmente no cuentas con un acuerdo y ha presentado todas las declaraciones de impuestos requeridas. Pregunte en la oficina de impuestos, llene las formas adecuadas y solicite un plan de pago que se ajuste a sus necesidades. Si el plan es aprobado, los pagos serán pequeños, más intereses. La tasa de interés también es razonable.

Si su solicitud es aprobada, podrá pagar los impuestos en pagos mensuales en lugar de tener que pagar el saldo completo. A cambio, tendrá que hacer tus pagos a tiempo, y pagar todas sus obligaciones fiscales. (Esto significa que no debe ajustar tus retenciones tan altas que termine con otra deuda de impuestos que no pueda pagar.)

Cárguelos: Puede pagar sus impuestos con una tarjeta de crédito en la página de internet officialpayments.com. El servicio cobra una tarifa, además de los intereses que pagará a la tarjeta. Quizá no siempre sea la manera más económica, pero puede ser mejor que permitir que los intereses y cargos de penalización continúen acumulándose.

Oferta compromiso: Este compromiso es un acuerdo entre la persona que debe y el IRS, que tiene la autoridad de decidir, o "comprometer", recibir menos del balance total bajo ciertas circunstancias. Se considera como un "último recurso", pero la oficina de impuestos pudiera estar dispuesta a aceptar una oferta en compromiso si existe:

- Duda de que la cantidad sea correcta.
- Duda de que alguna vez pueda cubrir el balance total.
- Circunstancias atenuantes, tal como que la recaudación del impuesto crearía una dificultad económica o resultara injusto.

No necesita de un profesional en impuestos para preparar la oferta compromiso, pero dependiendo de las circunstancias, podría resultar útil.

Declararse en bancarrota: La bancarrota por lo general no elimina las deudas de impuestos, pero hay situaciones en las que puede servir para eliminar antiguas deudas fiscales. Pida a su abogado información al respecto. Como mencionamos anteriormente, puede eliminar otras deudas para así poder pagar su saldo en impuestos y otras cuentas esenciales.

Consiga ayuda profesional: Si ha "eludido" el tema de impuestos, o tiene algunos problemas cuestionables, contrate a un abogado experto en impuestos para que le ayude a limpiar el desorden. Los contadores públicos y agentes inscritos pueden ser llamados a corte para testificar en contra suya, pero sus comunicaciones con el abogado fiscal están protegidas por el privilegio entre abogado y cliente.

Por qué a la oficina de impuestos (IRS) le interesan sus deudas

Sé que suena descabellado, pero el tema de "condonación de la deuda es ingreso", de hecho tiene sentido. Vamos a suponer que pidió prestados

$10,000 de una compañía y ahora necesita pagar. Está batallando para pagar el dinero y la compañía, en una demostración inusual de magnificencia, le perdona la deuda, le dice, "no tiene que pagar los $10,000 que debe". El resultado: de pronto es $10,000 dólares más rico. Es como si hubiera "ganado" $10,000. ¿Queda claro el papel del IRS en esta situación? Si gana $10,000, la oficina de impuestos quiere una rebanada del pastel. Así es, cuando usted "gana" $10,000 por una deuda condonada ellos también quieren su parte. En consecuencia, el perdón de la deuda es ingreso, es previsible que el IRS tasará esa cantidad.

Para entender mejor aún la posición del IRS, conviene pensar como un ladrón. ¿Qué pasa si un trabajador negocia no percibir un salario, sino un préstamo? Un año después, el jefe perdona la deuda porque resulta que el trabajador le ayudó. El trabajador sostiene que en realidad no ganó nada, que sólo le condonaron un préstamo. Además, sostiene que no debe impuestos. Bueno, si esto funcionara, todos lo haríamos. Y solo por esta razón la oficina de impuestos cobra un gravamen.

Impuestos sobre una deuda condonada

Si salda su deuda por menos de lo que debe, o si el acreedor la da de baja, este puede informar al IRS, de hecho los acreedores están obligados a hacerlo si la condonación de la deuda excede los $600 dólares. Por lo general recibirá una copia de este formato, aunque si se muda pudiera no recibirlo. La oficina de impuestos espera que pague impuestos sobre este "ingreso". Sin embargo, si califica para la exclusión o excepción, quizá no tenga que pagar impuestos, o solo una parte.

Se debe llenar la Forma 982 y seguir las instrucciones del IRS durante el proceso. Sin embargo, esto puede resultar algo confuso. Así que le recomiendo que trabaje con un experto en impuestos para que pueda guiarle durante el proceso. Pero para que tenga una idea de lo que involucra, aquí hay una lista de cosas a las que debe estar atento:

Deuda Cancelada que Califica por Exclusión de Ingresos Brutos:

1. Cancelación de la deuda principal que califique en la residencia.
2. Cancelación de la deuda en un caso de bancarrota Capítulo once.

3. Deuda cancelada por insolvencia.

4. Cancelación de deuda agrícola calificada.

5. Cancelación de deuda comercial calificada de bienes raíces.

Deuda Cancelada que Califica por Excepción a la Inclusión de Ingreso Bruto:

1. Las cantidades por ley expresamente excluidas tales como regalos o o herencia.

2. Cancelación de ciertos préstamos estudiantiles que califiquen.

3. Deuda cancelada que si se paga en efectivo por el contribuyente, es de otro modo deducible.

4. La compra calificada de reducción de precio otorgada por un vendedor.

Una de las más comunes de estas es la exclusión de bancarrota. La deuda que se elimina en la bancarrota no está sujeta a impuestos. Tenga en mente, que si saldó su deuda antes de declararse en bancarrota, la exclusión de bancarrota ya no aplica.

Otra manera común de evitar impuestos sobre deuda condonada, es demostrar que no se era solvente al momento en que la deuda se liquidó. Para la oficina de impuestos no ser solvente significa que sus pasivos (deudas) son mayores que sus activos. Para averiguar si califica, calcule el valor total de todos tus activos y, por separado, el total de su deuda. Asegúrese de incluir todas sus deudas, incluso aquellas que no puedan ser eliminadas en la bancarrota (préstamos estudiantiles, por ejemplo.) Se encuentra en situación de insolvencia, si la cantidad de la deuda es mayor que los activos.

Si por ejemplo, tiene $20,000 en activos, pero $40,000 en deuda, no es solvente por $20,000. A menos que algún acreedor acceda a perdonar $20,000 o menos en deuda, no debe incluir esa cantidad en su ingreso gravable. Pero si logra que sus acreedores salden sus deudas para que pueda eliminar $25,000, probablemente tenga que reportar $5,000 como ingreso de deuda condonada en su declaración de impuestos.

De cualquier modo, debe llenar las forma 982 para demostrar al IRS por qué no incluye el ingreso reportado en la 1099-C en su ingreso gravable.

Para los hombres y mujeres del servicio activo, hay alguno otros asuntos adicionales...

Capítulo once

Asuntos militares

La difícil relación entre el personal militar y sus cuentas no es nada nuevo. Desde los inicios de nuestro país en la Guerra Civil, los hombres en la milicia debieron manejar sus asuntos civiles y servir al país al mismo tiempo. En un esfuerzo por proteger los intereses de la nación y a los hombres en servicio por el Norte, el Congreso aprobó la moratoria sobre demandas civiles en contra de marinos y soldados de la Unión. La moratoria reconoció que el personal militar necesitaba concentrarse en el frente, en vez de preocuparse por las deudas en casa. La moratoria también reconoció que el personal militar no siempre gana lo suficiente como para solventar deudas que se acumulan mientras sirven a la nación. En términos simples, la moratoria establece que cualquier acción civil (incumplimiento de contrato, bancarrota, embargo, procedimientos de divorcio y similares) interpuesta contra cualquier hombre en servicio se prorrogaba hasta que él volvía a casa.

En 1918, la moratoria se puso en efecto de nuevo para el personal militar que sirvió en la Primera Guerra Mundial. El acto de Alivio Civil para soldados y marinos de 1918 no era tan comprensivo como la moratoria en la Guerra Civil, pero sí protegía a los miembros activos en servicio contra la bancarrota, la reposesión de propiedad, el embargo y acciones similares. Después de la Primera Guerra Mundial, el acta expiró.

La Ley de Alivio Civil para soldados y marinos de 1940, llevó el Acta de 1918, un paso más allá, quitando la fecha de caducidad para los soldados que sirvieron en la Segunda Guerra Mundial. Entre 1918 y el 2003 la ley se enmendó 11 veces para reflejar los cambios militares y sociales.

El 19 de diciembre de 2003, el Presidente Bush reemplazó está ley mediante la firma de la Ley de Alivio Civil para miembros del servicio (SCRA). La nueva ley mantiene la intención de las actas de 1918 y 1940, pero toma en cuenta los cambios que tuvieron lugar en el mundo en años posteriores.

La SCRA ayuda al personal en servicio a cumplir con sus obligaciones legales y financieras al tiempo que cumple con sus deberes militares. No es que ayude a los hombres y mujeres en servicio a ignorar sus obligaciones, sino alivia su carga durante el servicio activo. Por ejemplo, permite que el personal en servicio cancele el arrendamiento de su vehículo si su unidad se va a desplegar por 180 días o más. Después de todo, no van a utilizar el vehículo mientras están sirviendo al país, ¿es justo qué deban pagar?

De manera similar, los hombres y mujeres en servicio con un cambio permanente de estación u órdenes de desplegarse en una nueva ubicación por 90 días o más, tienen el derecho de terminar sus contratos de arrendamiento de vivienda. Un miembro de servicio o su familia no pueden ser desalojados mientras que está en activo, a menos que se cumplan ciertas condiciones (una orden de la corte, un saldo en rentas mayor de $2,400, etcétera.)

Además se le ofrece al personal en servicio un sistema automático de 90 días de prórroga para la aplicación en todos los procesos judiciales y administrativos. Se pueden solicitar periodos adicionales. Si se niega un periodo adicional, el tribunal debe nombrar a un abogado para proteger los derechos de la persona en servicio mientras él o ella están en activo.

La SCRA incluye un límite del 6 por ciento en las tasas de interés para las deudas pre – servicio (incluyendo las deudas de tarjeta de crédito). Cualquier cosa arriba de 6 por ciento no se difiere si no que se condona de manera permanente. Después del cumplimiento de su deber militar, los pagos mensuales de la persona en servicio deben reflejar la cantidad de intereses ahorrados durante el servicio activo.

El personal de servicio en las reservas también está protegido bajo esta Ley desde el momento en que recibe órdenes de movilización. Esto con la intención de darles tiempo a poner sus asuntos en orden.

Cualquier persona en servicio que reclame sus derechos amparados a bajo esta ley, también está protegido contra la discriminación de dicho reclamo. No pueden despedirle de su trabajo, desalojarle o negarle una línea de crédito solo porque aplica a la cobertura del SCRA.

Además del personal en servicio, esta Ley extiende su protección a ciudadanos de Estados Unidos que sirven a las fuerzas aliadas en capacidades consideradas similares al servicio militar. La Ley extiende su protección a los dependientes del personal en servicio, si es que su capacidad de cumplir se ve materialmente afectada por la persona en servicio militar activo.

Esta Ley ofrece una variedad de medidas para proteger a los hombres y mujeres que son llamados al servicio activo, a desplazarse por largos periodos de tiempo. La mayoría de estas acciones requieren una muestra de afectación material como pre requisito. Cualquier miembro del servicio activo que enfrente cualquiera de estas situaciones debe consultar con el abogado de su unidad o el oficial de asistencia de instalación jurídica para obtener más información.

Ahora veamos un reto aún más grande...

Capítulo doce

Las agencias de cobranza

El negocio de las agencias de cobranza es simple: cobrar dinero. A menudo se les teme, pueden ser muy agresivos y hacer que su vida financiera sea muy estresante. Conocer sus derechos cuando de deuda se trata, puede aliviar algo de ese estrés y ayudarle a enfrentar esas molestas cuentas.

La deuda después de la muerte

Elena estaba en duelo, su esposo por cincuenta años acababa de morir. Él había trabajado hasta el final, sin embargo, Elena no quedó en una buena situación financiera. Vivían en una decrépita casa móvil a las afueras de la ciudad. Cuando Joseph murió, Elena iba a recibir de un seguro de vida, la pequeña cantidad $2,000, y tenía otros $1000 en el banco. Era todo lo que tenía, a sus 88 años tendría, de alguna forma, que sobrevivir con esa cantidad.

Dos semanas después de la muerte de Joseph, Elena recibió una tarjeta de XYZ

Services, Inc. La compañía le ofrecía un sentido pésame por la muerte de su esposo, y reclamaba $9,000 dólares que le debía a la tarjeta de crédito.

Ella estaba confundida. Ella no sabía nada al respecto, no estaba a su nombre.

Un día después las llamadas comenzaron. La gente al teléfono era muy amable. Ofrecieron sus condolencias, pero después le dijeron que necesitaba hacer un "pago moral" para limpiar la deuda del difunto esposo. Le dijeron, "sabemos que ha pasado por un momento difícil, pero debemos resolver este problema". Elena les explicó que estaba en la miseria, habían embargado su carro, ya no podía trabajar. Ni siquiera sabía por cuanto tiempo iba a poder pagar la renta mensual del parque donde estaba la casa móvil. No tenía idea de lo que iba a pasar, pero eso no detuvo a sus acreedores.

La agencia de cobranza llamaba diez veces al día. De algún modo supieron que ella recibiría $2,000 como pago de seguro de vida. Ellos le recomendaron que para limpiar el nombre de su marido, ella debía pagar ese dinero a la agencia y así eliminarían la deuda de $9,000 y el asunto quedaría resuelto.

Un vecino, escuchó cuando Elena estaba al teléfono con el agente. Pudo escuchar el miedo y la ansiedad en su voz.

Después de la llamada, decidió interceder. Supo que la tarjeta de crédito estaba a nombre de Joseph, lo que quería decir que a su muerte la deuda se extinguía. Elena no tenía obligación de pagar. El vecino hizo que hablara con un amigo abogado. Después de revisar el caso, el abogado, a nombre de Elena demando a la agencia de cobranza por acoso.

Como nos muestra este ejemplo, en la mayoría de los casos, al morir, las deudas mueren con usted. La familia que sobrevive no tiene ninguna obligación de pagar esas deudas.

Si figura como fiador en una hipoteca o tarjeta de crédito, el fiador sigue siendo responsable. Sin embargo, cuando el préstamo está solo a nombre del fallecido, como en el caso de Joseph, los que le sobreviven no tienen ninguna responsabilidad. (Recuerde, que si vive en un estado de propiedad comunitaria –Arizona, California, Idaho, Luisiana, Nevada, Nuevo México, Texas, Washington, Wisconsin– quizá sea responsable por las deudas en que incurrió su esposa o esposo durante el matrimonio.)

¿Eso detiene a las agencias de cobranza? Desde luego que no. Ellos van a usar los argumentos de la moral y la obligación familiar para conseguir lo que puedan de una situación de duelo y debilidad. En muchos casos incluso, admitirán que no tiene obligación de pagar, pero seguirán llamando hasta que se realice algún tipo de pago, o hasta que usted recurra a un abogado para detenerlos (lo que es muy recomendable).

Tenga cuidado con las agencias de cobranza que tratan de tergiversar la ley. Quizá esté convencido de no ser responsable hasta que empiezan a indagar las circunstancias de la muerte del difunto. Algunas agencias de cobranza sostienen que la causa específica de muerte –accidente, vejez, enfermedad o suicidio– significa que sigue siendo responsable. Esto no es correcto, la causa de muerte no tiene ningún efecto sobre la responsabilidad.

¿Qué pasa si el difunto –la persona que muere, como Joseph– deja una herencia? En este caso, las agencias de cobranza pueden presentar un reclamo sobre el testamento para recibir el pago. Al igual que los acreedores en bancarrota, ellos podrían recibir algo o no. Una vez que la legalización del testamento termina, las agencias de cobranza no pueden acosar a los miembros de la familia. Si esto ocurre hable con un abogado.

Conozca sus derechos. Debe saber que una agencia de cobranza va a hacer y a decir lo que sea, sin importar si es legal o no, para que pague. Después de todo, ellos trabajan por comisión, así que no podría importarles menos usted o su duelo.

La Ley federal de Prácticas de Cobranza Equitativa (Fair Debt Collection Practices Act –FDCPA) exige a las agencias otorgar un trato justo. No impide que realicen su trabajo, pero sí pone un límite a la forma en que lo hacen.

La FDCPA aplica para casos de deudas personales, familiares y de hogares, no para deudas de negocios. Pero si utilizó una tarjeta personal para adquirir algo para su negocio, es probable que la agencia lo ignore.

Una agencia de cobranza es aquella que se encarga de cobrar las deudas que se deben a otros. En general se trata de abogados que se dedican a cobrar deudas de manera regular. La ley, por lo general, solo aplican a las agencias de cobranza, y no a los acreedores particulares que cobran por su cuenta, aunque, dependiendo del estado en el que viva, puede haber leyes que apliquen a estos acreedores.

La primera vez que lo contacta una agencia de cobranza, debe hacer lo siguiente:

1. Obtener la información de la agencia de cobranza: número telefónico y la dirección. Tiene derecho a conocer esta información.

2. Discuta si cree que la deuda es incorrecta. Escriba de inmediato a la agencia de cobranza pidiendo que se verifique. Envíe su carta por correo certificado y con acuse de recibo. También tiene derecho, por ley, a esta verificación. A menos que esté seguro de que debe el total de la deuda, crear una controversia le dará algo de tiempo para analizar sus opciones.

3. Abra un archivo para llevar el registro de los contactos con la agencia de cobranza: quién llamo, qué dijo y cuál fue el acuerdo. Guarde copias de toda la correspondencia escrita. Si la agencia actúa de manera inadecuada, quizá pueda echar mano de recursos legales.

4. Verifique que el estatuto de limitación para cobrar la deuda no haya vencido. Si es así y la agencia de cobranza trata de demandar por el saldo, puede argumentar el estatuto de limitación como defensa. Y si pide que dejen de contactarle, ellos deben hacerlo (Vea abajo).

5. No pague nada hasta que se haya establecido que la deuda es legítima y haya negociado un plan de pagos. No permita que le intimiden.

Notificación

Cinco días después del primer contacto, la agencia de cobranza debe enviarle una notificación escrita informando la cantidad de dinero que debe; el nombre del acreedor y qué es lo que debe hacer si desea una aclaración.

Cada estado tiene leyes que dictan el tiempo que los acreedores o agencias tienen para demandar por el cobro de los diferentes tipos de deudas. Estos se llaman estatutos de limitación. En algunos estados, para algunas deudas, puede haber periodos tan cortos como cuatro años, mientras que en otros pueden ser hasta veinte años o más. Esta es información importante porque no es inusual que las agencias de cobranza hagan un último esfuerzo por cobrar antes de que el estatuto de limitación expire.

Si hace un pago a su deuda, esto podría ampliar o renovar el estatuto de limitación. Digamos que una agencia de cobranza lo contacta por una deuda de diez años fuera el estatuto de limitación. No pueden demandar para que pague (si lo hacen, puede argumentar el estatuto de limitación como defensa en contra de la demanda). Y no pueden reportarlo para que aparezca en su reporte de crédito, así que no hay mucho que ellos puedan hacer, especialmente si les pides que lo dejen en paz (vea abajo). Pero si paga, aunque sea una pequeña cantidad, esto podría renovar el estatuto de limitación.

También es importante entender que pagarle a una agencia de cobranza, aunque sea una pequeña cantidad, no evitará que tomen acciones legales para cobrar la deuda. Las agencias van a presionar para que pague algo en muestra de "buena fe". Si en verdad no puede pagar o si cree que la deuda es incorrecta, lo mejor es rehusar y pedirles que lo dejen en paz hasta que pueda pagar. De nuevo, recuerde que hacer un pago, por pequeño que sea, puede extender el estatuto de limitación.

Las llamadas

La agencia puede contactarle en persona, por correo electrónico, por teléfono, telegrama o fax. Sin embargo, no deberían contactarle en horarios o lugares inconvenientes, como antes de las 8 am o después de las 9 pm, a menos que usted lo permita. La agencia no debería contactarte en el trabajo si es que sabe que eso podría causarle problemas, si les informa que no tiene permitido tomar llamadas, tome nota de esa conversación. Si lo hacen de nuevo, llame a un abogado.

Privacidad

Se supone que las agencias de cobranza no digan a sus co-signatarios sobre su deuda, a menos que sea la esposa o esposo. Pueden llamar a sus vecinos o jefes para obtener información de contacto pero eso es todo lo que pueden hacer, no tienen permitido decir que llaman acerca de un adeudo. Y una vez que lo encuentren, el contacto a terceras personas debe parar.

Si contrata un abogado para que lo represente, la agencia debe contactarlo a él, no a usted. Yo he otorgado este servicio a clientes que son acosados duramente por estas agencias. Los cobradores no son tan rudos con un abogado (por lo menos no al principio) y así los clientes pueden descansar un poco.

Acoso, declaraciones falsas y prácticas desleales

Cualquiera que haya tenido que lidiar con una agencia de cobranza, seguro sabe que no es inusual que mientan y digan prácticamente lo que sea, para hacer que pague. Hay límites legales acerca de lo que pueden decir y hacer, pero la mayoría de las personas no conocen sus derechos y se limitan a soportarlos.

Tenga cuidado con cualquiera de las siguientes declaraciones. Tome notas. Si tiene la impresión de que lo están acosando ilegalmente, haciendo declaraciones falsas o realizan alguna práctica desleal, contacte a su abogado.

Ejemplos de acoso:

- Amenazas de violencia o daño;
- Lenguaje obsceno o profano;
- Llamar en repetidas ocasiones para molestarle.
- Ejemplos de declaraciones falsas:
- Mentir implicando que ha cometido un delito; o que será arrestado si no paga su adeudo;
- Mentir sobre que representan o trabajan para el buró de crédito;
- Mentir acerca del monto del adeudo;
- Decir que los papeles que enviaron son documentos legales cuando no es verdad;
- Mentir acerca de que alguien, no responsable por el adeudo (por lo general el esposo u esposa u otro miembro de la familia), tiene que pagar;

- Amenazar con acciones que no pueden tomar (embargar sus sueldos de manera inmediata, sin ir a juicio, por ejemplo);
- Informar que los papeles que le enviaron no son documentos legales, cuando sí lo son.

Importante: La agencia puede amenazar con notificar a su jefe e incautar su salario si no paga de inmediato. Casi para cualquier tipo de deuda (con excepción de los impuestos y créditos estudiantiles) la agencia o acreedor, debe primero llevarle a juicio y obtener el permiso para incautar su sueldo. Que el acreedor decida o no tomar estas acciones depende de varias cosas, como el monto del adeudo y la probabilidad que tengan de cobrar, pero no es algo que ocurra de un día para otro. Debe estar alerta en caso de que ocurra alguna declaración falsa y tomar nota.

Bancarrota: Si ha completado con éxito la declaración de bancarrota, la mayoría de las deudas restantes serán eliminadas. Esto significa que ya no le debes a esos acreedores, pero eso no detendrá a todos. Algunos intentarán cobrar aún cuando los adeudos hayan sido eliminados en la bancarrota, incluso si es ilegal. Tan pronto como lo contacte un acreedor o agencia de cobranza acerca de un adeudo que fue eliminado en la bancarrota, tome las medidas pertinentes.

Notifique de estas acciones ilegales a su abogado (si es que tiene uno) o a la corte de bancarrota. Un abogado estará más que dispuesto ayudarle porque si demuestra que sus acciones fueron ilegales, la agencia tendrá que pagar sus honorarios por violar la FDCPA.

Prácticas desleales

Las agencias de cobranza no deben incurrir en prácticas desleales en su esfuerzo por recuperar. Por ejemplo:

- Tratar de cobrar un monto mayor al que debe, a menos que lo permitan las leyes del estado;
- Depositar un cheque posfechado de manera prematura;
- Embargar o amenazarle con embargar su propiedad, a menos

que puedan hacerlo de manera legal;

- Contactarlo con una tarjeta postal.

Gerri y yo coincidimos en que nunca debe enviar un cheque posfechado a una agencia de cobranza. Es muy ricsgoso, si el cheque rebota, puede quedar sujeto a sanciones penales.

Como detener a una agencia de cobranza

Si manda una carta a una agencia de cobranza pidiendo que dejen de contactarlo, deben detenerse. Pero eso no impide que tomen acciones legales, todavía pueden demandar. Quizá sea buena idea escribir una carta de "suspensión y desistimiento" (un nombre bonito de la carta para pedir que lo dejen en paz) en caso de:

- Si cree que el estatuto de limitación ha expirado (menciónelo en la carta).
- De verdad no tiene dinero para pagar (incluya una descripción detallada de su situación económica).
- La agencia de cobranza ha presionado al grado de ocasionarle un problema de estrés o efectos colaterales físicos.
- No cree que deba esa cantidad y piensa que un juez le puede dar la razón (describa por qué piensa que no debes esa cantidad).

Vea la sección de Recursos para una muestra de carta de suspensión y desistimiento.

Negociación

Las cuentas de cobro con frecuencia se pueden negociar por centavos de dólar, en especial, si puede hacer un pago rápidamente. La mayoría de las personas no se sienten cómodas negociando, pero es una de las habilidades más importantes que debe aprender y perfeccionar. Le recomiendo que inicie tu negociación cerca de los veinte centavos de dólar. La agencia puede insistir en una cantidad mínima que puede aceptar, y esto quizá sea verdad o no. No lo sabe, así que tiene que negociar tanto como ellos.

Es mucho más fácil para la agencia intentar que pague más, que para usted presionarlos para pagar menos, porque:

a. Mientras más cobren, más les pagan, así que afecta sus resultados finales,

b. Para usted es un tema emocional, para ellos no, y

c. Ellos negocian deudas todos los días, usted no.

Otras dos cosas que debe recordar:

1. No acceda a algo que no pueda cumplir. Si no puede pagar lo que le proponen, diga a la agencia que no puede y que les llamara una vez que haya ahorrado un poco de dinero. Si empiezan a amenazar, tome nota y diga que los llamará en otro momento.

2. Siempre, por lo menos, trate de que accedan a eliminar cualquier nota negativa de su historial crediticio, a cambio del pago. Quizá no accedan, pero si lo hacen, debe tener eso por escrito antes de pagar. Tome en cuenta que aún si un adeudo aparece como "pagado" en su reporte de crédito, es poco probable que mejore su puntuación crediticia.

En caso de que no se sienta cómodo, hay compañías que pueden hacer esta negociación en su lugar. Vea la sección de Recursos.

Asustado y presionado

Si una agencia de cobranza lo está presionando y tiene miedo de lo que puedan hacer si no pagas, quizá valga la pena hablar con un abogado que le informe sobre sus derechos. Por lo general, la primera consulta es gratis, pero primero pregunte. Encontrará más información en la sección de Recursos.

Consiga ayuda

Si cree que la agencia o acreedor está violando la ley, pida ayuda a un abogado con experiencia en la FDCPA. Tiene derecho a demandar al acreedor en una Corte estatal o federal dentro de un periodo de un año después de que la ley fue violada. Si gana, quizá pueda cobrar dinero por daños, y una cantidad adicional de hasta $1,000 dólares. También puede recuperar los costos de la corte, así como los honorarios del abogado. Si quien demanda es un grupo de personas, pueden recuperar por daños hasta $500,000 dólares, o el uno por ciento del valor neto de la agencia de cobranza, la cantidad que resulte menor.

Repórtelo

Como hemos discutido en este capítulo, necesita conocer sus derechos. Reporte cualquier problema con la agencia de cobranza. Mientras que las agencias gubernamentales usualmente no se involucran en disputas individuales, sí pueden tomar acciones contra una agencia de cobranza cuando ven un patrón de violaciones. ¡No se quede callado!

Parte tres

El gran crédito

Introducción

Cuando Robert Kiyosaki iba en la prepa y reprobó inglés, su Padre Rico le recordó que la gente del banco nunca le había pedido su boleta de calificaciones. El no pretendía decir que la escuela no fuese importante, sino que sus calificaciones en la escuela, no determinarían la cantidad de riqueza que podría generar en su vida.

Hay una calificación mucho más importante para su vida financiera que la que recibe en la escuela. Y esa es la calificación en su reporte de crédito. La calificación de su historial crediticio juega un papel importante en:

- Cuánto paga por tarjetas de crédito, hipotecas, préstamos automotrices, e incluso préstamos de negocios.
- La posibilidad de pedir prestado (esperemos que deuda buena) cuando lo necesite.
- Las tarifas que pague por seguro de auto o casa habitación.
- Facilidad para conseguir servicios públicos, cuentas de teléfono celular y muchos otros servicios.

En este capítulo y los dos siguientes, detallaré cómo funcionan los reportes y calificaciones crediticias, sus derechos y, lo más importante, como maximizar su crédito para obtener los mejores convenios.

Si tienes crédito "malo" no se desanime. Los ganadores no utilizan el crédito malo como excusa para no seguir adelante en sus esfuerzos por construir su riqueza, y tampoco usted debería. Puede empezar a trabajar para mejorar tan pronto como haya leído este libro. Mientras tanto, quizá tenga que ser un poco más creativo.

Si quiere comprar una propiedad, por ejemplo, puede buscar por "prestamos duros", donde lo que cuenta es el precio de la propiedad, no su crédito. Si está empezando un negocio, puede buscar socios o hacer algo con muy poco dinero mientras mejora su crédito. En otras palabras trabaje su crédito, pero no deje que le impida alcanzar sus metas.

Piense por usted mismo no se deje influenciar por amigos de conveniencia...

Cuando la caridad raya en la locura

Donna era la amiga de todos. Si había un amigo en apuros, ella lo apoyaba, ya fuera una mudanza, un viaje a la sala de emergencias de madrugada o prestar algún dinero aquí y allá.

Donna valoraba su círculo de amigos, eran muy importantes para ella. Dado que no estaba casada ni tenía familia en el área, disfrutaba de su compañía y creía que ellos disfrutaban de la suya.

Donna llevaba la contabilidad para un contratista y ahorraba todos los meses para comprarse una casa. No estaba segura de que fuera a casarse, pero sí quería, por lo menos, tener la seguridad de un hogar.

Fue entonces cuando Lars comenzó a trabajar en el negocio. Era un hombre alto y distinguido de 40 y tantos años de edad. Lo contrataron como ejecutivo de negocios pues los contratistas buscaban más trabajo con agencias gubernamentales y grandes empresas. Lars era un muy buen vendedor y parecía que le gustaba Donna, y ella disfrutaba de la atención.

Una noche, mientras cenaban, le preguntó a Donna si podía contarle un problema que tenía. Donna, siempre dispuesta a escuchar y ayudar insistió en que le contara su problema.

Él le explicó que quería comprar una camioneta nueva para el negocio, pero tenía problemas con el financiamiento. Su ex esposa había acumulado un gran número de deudas en una tarjeta de crédito conjunta y la compañía de la tarjeta de crédito estaba tratando de cobrarle a él, por las juergas de compra de ella. Para poder financiar la camioneta necesitaba un fiador, porque de momento su puntaje crediticio era muy bajo. Y se preguntaba si Donna podía sugerirle alguien.

Siempre solidaria, Donna se ofreció a fungir como fiador. Ella llevaba los libros y sabía cuanto ganaba Lars. No habría problema para que él pagara los $300 dólares al mes de la camioneta.

Lars insistió en que no le estaba pidiendo que ella fuera el fiador, solo le estaba preguntando quien creía que pudiera firmar. Después ella insistió en que no debería buscar a nadie más, ella firmaría. Estaba dispuesta a ayudar a Lars porque confiaba en él y porque se sentía orgullosa de ayudar a sus amigos.

Él se lo agradeció mucho. Al día siguiente después del trabajo fueron a la agencia y firmaron los papeles para la nueva camioneta. Mientras estaba ahí sentada, el gerente de crédito le preguntó si entendía las consecuencias de lo que estaba firmando. Le explicó que si Lars, por cualquier razón, no pagaba, ella sería responsable, Donna estuvo de acuerdo y firmó como fiador. Conocía bien a Lars y sabía de su ingreso. No habría problema.

Lars condujo la camioneta afuera de la agencia mientras Donna lo siguió en su auto. Fueron al restaurante más elegante a celebrar, pero cuando Lars trato de pagar la cuenta con su tarjeta de crédito, fue rechazada. Él se quejó de nuevo de su ex esposa y su forma irresponsable de gastar, y Donna pagó la cena.

En las semanas siguientes, Lars pareció alejarse de Donna, ya no era atento ni coqueteaba. Ella creyó que se debía a la presión del trabajo, pues con la nueva camioneta, seguro estaba más ocupado. No se preocupó demasiado por el tema, aunque si extrañó la atención.

Después un día, Lars no se presentó a trabajar. Todos creyeron que estaba enfermo, incluso alguien bromeó diciendo que probablemente, tenía la "gripe de brandy", porque lo habían visto beber la noche del sábado.

Martes, miércoles... y Lars no aparecía. No contestaba las llamadas, así que uno de sus jefes fue a su departamento. El encargado le dijo que se había mudado el sábado ya muy tarde, sin avisar, y como quedó a deber dinero, pidió que cuando supieran de su paradero le avisaran. El viernes,

Donna recibió una llamada de la agencia de autos. Lars no había hecho el primer pago de la camioneta y querían que ella pagara al día siguiente.

Donna estaba sorprendida y consternada, sólo había tratado de ayudar a un amigo, ¿cómo es que esto había sucedido? Finalmente, con la esperanza de que Lars apareciera, pagó la primera mensualidad, quizá él llamaría o de alguna manera se hiciera responsable por lo pagos que faltaban.

Dos meses y dos pagos más tarde, Donna obtuvo su respuesta, encontraron la camioneta en una zanja a muchos kilómetros de distancia. Lars estaba en la cárcel por manejar en estado de ebriedad y por homicidio con vehículo. Él afirmó que no recordaba nada.

Lars tampoco había pagado el seguro, no tenía dinero. Conforme al acuerdo firmado por el fiador, la compañía de autofinanciamiento solicitó a Donna el pago completo del vehículo y otros costos. Ellos exigieron el pago inmediato de miles de dólares.

Donna se endeudó por cubrir el costo de la camioneta, perdió sus ahorros y la posibilidad de su anhelada casa. Su puntuación de crédito era tan negativa que tuvo que posponer la compra de su casa por lo que pareció una eternidad.

Todo por ayudar a un amigo.

Ahora, hablemos del reporte de crédito...

Capítulo trece

Reportes de crédito
El historial crediticio
de toda la vida

No importa si es un inversionista en bienes raíces, dueño de negocio, o solo un consumidor que paga sus deudas, usted tiene un historial crediticio. Y ese reporte es probablemente más importante para su vida financiera que cualquier reporte o calificación que haya recibido en la escuela. De hecho, juega un papel clave en el tipo de línea de crédito que consigue y cantidad de crédito que tiene que pagar. Aún si nunca pide prestado o usa una tarjeta de crédito, sin duda, tiene efecto la cantidad que paga por el seguro de su auto y casa habitación. Así que tiene que saber lo que aparece en su reporte de crédito, y su funcionamiento.

El negocio de las agencias de reporte de crédito (más comúnmente llamadas "buró de crédito") es recabar información sobre los hábitos de la gente para pagar sus deudas, y venden esa información a otras compañías que pueden extender o no una línea de crédito, un seguro o una oferta de trabajo.

En los Estados Unidos existen 3 agencias principales de reporte de crédito: Equifax, Experian (antes TRW), y TransUnion. Además, hay muchas otras más pequeñas afiliadas con una o varias de estas "principales". Estás agencias especializadas obtienen la información de uno o más de los burós principales y pueden proveer información adicional. (Para mayor información sobre otras agencias de reportes de consumo vaya al final de este capítulo).

Existen también los burós de crédito de negocios: Cortera, D&B, Equifax y Experian son los principales entre los que se especializan en reportes de negocios en todo el mundo. Para mayor información vea la sección de Recursos. Nuestro enfoque aquí es el crédito personal, pero la información puede ser valiosa si su meta es también construir el crédito para su negocios.

Los reportes de crédito son un gran negocio y las agencias de reporte de crédito son negocios compiten entre si. Todas buscan que sus reportes sean mejores que los de otras agencias y no comparten información, a menos que por ley tengan que hacerlo. Esta es una de las razones por las que, cuando ve su reportes de crédito, nota que luce un tanto diferente, dependiendo de la agencia que lo emita. Aunque la mayoría de la cuentas muestra información similar, no será exactamente la misma.

Las agencias de reporte de crédito están reguladas por la Ley Federal de Reporte de Crédito Equitativo (FCRA), actualizada en 1999 y de nuevo a finales de diciembre de 2003. Pronto veremos más sobre esta ley y sus derechos.

Empezando

Margery y Sharon eran compañeras de cuarto en la universidad. Iban a una universidad del Oeste medio, pero hasta ahí llegaba lo que tenían en común. Margery era prudente estudiosa y centrada. A Sharon le encantaban las fiestas, vivía el momento y disfrutaba la vida.

Mientras que Margery no pensaba en otra cosa que estudiar un sábado por la noche, si hacía falta, Sharon salía toda noche y regresaba el domingo en la mañana. Había fricción entre ellas porque Sharon traía amigos al cuarto para terminar la noche. Margery necesitaba dormir y se lo hizo saber a Sharon.

No es de sorprender que ambas también tuvieran hábitos muy diferentes a la hora de gastar. Margery había ahorrado para ir a la universidad y tenía la fortuna de tener una beca parcial, ella no quería ser una carga para sus padres y estaba orgullosa de no pedirles dinero. No quería tener deudas y no tenía tarjeta de crédito, en lugar de eso era cuidadosa y prudente con sus gastos.

Por otro lado, Sharon era todo menos prudente. Vivía de préstamos estudiantiles, el dinero de sus padres y, en el último año, de tres tarjetas de crédito con una alta tasa de interés, que recientemente estaban topadas, así que le dijo a Margery que iba a conseguir otra para pagar la renta del mes siguiente. Margery le preguntó como hacía para pagar con esas altas tasas de interés. Sharon le explicó que con su trabajo en "La Rata" el lugar de reunión en la universidad, y sobre todo con las noches de fiesta de los jueves y viernes, ganaba suficiente dinero en propinas para sus pagos mensuales. Los pagos más importantes como los estudiantiles, tendría que atenderlos más adelante.

A Margery le preocupaba que su compañera tuviera problemas, y una vez más se sintió agradecida de no tener una tarjeta de crédito y así evitarse problemas.

Muy pronto llegó la graduación y ambas encontraron un trabajo decente en Chicago. Ambas decidieron no ser compañeras otra vez porque sabían que sus estilos de vida eran diferentes, pero estuvieron de acuerdo en seguir en contacto.

Margery tuvo dificultades para encontrar un departamento. Cuando trataban de verificar su historial de crédito ella no aparecía. No es que hubiera información negativa, sino que tampoco positiva, nada en que basar su decisión, no tenía historial crediticio que, como Margery se dio cuenta, eso era malo.

Sharon la llamó para invitarla, desde luego, a una fiesta en su nuevo departamento, a ella le gustó estar incluida de nuevo en su viejo grupo de amigos, y aún más, tenía curiosidad por saber cómo Sharon, con su reporte negativo de crédito, había encontrado departamento tan rápido. En cuanto llegó, encontró que Sharon se había mudado a un espacioso departamento de una recamara con un enorme balcón y una excelente vista. Cuando saludó a Sharon, no pudo evitar preguntarle como había conseguido un departamento tan lindo. Sharon le contestó que el gerente le dijo que ella tenía crédito porque había hecho todos sus pagos a tiempo.

Margery despertó la mañana siguiente con la idea de conseguir una tarjeta de crédito. Si cuatro tarjetas habían funcionado para Sharon, por lo menos una, seguro podría ayudarle. Llamó al banco para empezar el proceso, el banco revisó su historial crediticio y con amabilidad le dijo que no era posible. Ella empezaba a sentirse frustrada y quería saber el por qué del rechazo, en especial, cuando en la universidad le habían ofrecido cientos de tarjetas. El representante del banco le explicó que los estudiantes universitarios eran una clase diferente de crédito. Ella ya no estaba en la universidad, no tenía ningún historial crediticio previo y, de acuerdo a sus estándares, no tenía derecho a una tarjeta de crédito.

Desesperada, Margery preguntó al representante del banco si podía hacer algo. Si, fue su respuesta. Podría obtener una tarjeta de crédito si depositaba $2,500 como depósito de garantía. Funciona igual que una tarjeta de crédito le dijo el representante.

Margery estaba a punto de llorar, necesitaba todo el dinero extra posible para el depósito de seguridad de un departamento, no podía gastarlo en una tarjeta de crédito, no importaba cuanto necesitara construir un historial crediticio. Colgó el teléfono y, tragándose su orgullo, llamó a casa.

El padre de Margery voló a Chicago el fin de semana siguiente. Juntos encontraron un departamento agradable y accesible, por el que firmó como fiador. Tras hacer varias llamadas, encontraron una tarjeta que solo requería de $500 de depósito. Si lograba tener un buen historial de crédito, en un año le devolverían el depósito. El padre de Margery la animó a pagar su despensa con la tarjeta de crédito y a pagar su cuenta mensual a tiempo estableciendo así su historial de pago.

Margery agradeció a su padre y prometió no agobiarlo, él le contesto que estaba feliz de que le hubiera llamado para pedir su ayuda.

Margery se dedicó a tener listo su departamento, cuando llamó a la compañía de luz para abrir una cuenta, revisaron su reporte de crédito, sólo que ahora ya sabía la respuesta antes de que se la dijeran. Debido a la falta de historial crediticio tenía que hacer un depósito de $300.

Margery tuvo que reír ante lo absurdo que era todo. Llamó a Sharon para hablarle de su nuevo departamento, durante la plática, Margery terminó preguntando a Sharon si tuvo que pagar un depósito a la compañía de luz. Ella contestó que no le habían solicitado ningún depósito por su buen historial crediticio.

Empieza a construir un reporte crediticio cuando solicita una línea de crédito y la compañía ordena un reporte de crédito. Si no existe la información en la base de datos, guardarán la información básica su identificación: nombre, dirección y número de seguridad social. Una vez que obtiene un préstamo, esta información se reporta y envía a una o más de las agencias de reporte de crédito para empezar historial de crédito.

Como obtener su reporte de crédito

La ley de Transacciones de Crédito Equitativas y Precisas del 2003, requiere que cada buró nacional de crédito provea al consumidor de un reporte gratuito al año. Además, puedes solicitar una copia gratuita de burós de crédito que recopilen información sobre:

(1) Registros o pagos médicos;

(2) Historial de arrendatario;

(3) Historial de cheques expedidos (como Chexsystems o Telecheck;

(4) Historial laboral;

(5) Reclamos a aseguradoras (como CLUE).

Puede solicitar una copia gratuita de su reporte de alguna de las 3 principales en AnnualCreditReport.com. Además puede obtener otra copia gratuita de su reporte cuando:

- Le han negado el crédito u otros beneficios, o en los últimos sesenta días ha recibido notificación de que su estatus crediticio ha cambiado.

- Está desempleado, recibe ayuda del gobierno y le han negado un empleo.

- Cree ser víctima de fraude. (Las víctimas de fraude reciben dos reportes gratis al año.)

- Le notifican que no califica para los mejores términos o tasas de interés de su acreedor de acuerdo a la información de su historial de crédito.

Si piensa comprar una casa o auto, invertir en bienes raíces o hacer cualquier otra compra importante, pida de inmediato su reporte de crédito. Puede tomar hasta 60 días hacer una aclaración. Si es inversionista en bienes raíces, puede ser muy útil suscribirse a un servicio que monitoree su reporte de crédito cada mes.

¿Quién puede ver su reporte de crédito?

Cualquiera pensaría que por el tipo de información delicada que contiene, las compañías necesitarían un permiso, quizá incluso por escrito, para obtener su reporte de crédito, pero no es así.

Ley Federal de Reporte de Crédito Equitativo permite a las compañías obtener reportes de crédito para:

- Propósitos de empleo (cuando lo solicita un patrón futuro o actual). En este caso se necesita de un permiso escrito primero.

- Para efectos de contratar un seguro (incluso si se trata de renovación de póliza);

- Una solicitud de crédito o para revisar o cobrar un adeudo (esto puede incluir la solicitud de servicio de un teléfono celular, por ejemplo);

- Fines comerciales legítimos en relación con una transacción de negocios iniciada por el consumidor;

- Por orden de la corte o en conjunción con ciertas solicitudes que involucran la manutención de los hijos.

Si bien hay muchas fuentes para obtener su reporte de crédito, es más difícil obtener el de otras personas. Si desea comprar el reporte de crédito de alguna persona por ejemplo, un prospecto de arrendatario de su propiedad, es mejor que lo haga a través de una agencia que provea estos reportes con ese propósito específico. Es ilegal obtener el reporte de, digamos, su prometido o prometida, o su ex, sin su permiso, aunque tampoco sería tan difícil conseguirlo. (Pero no lo haga, las sanciones pueden ser severas. Solo quiero señalar que el sistema no es infalible.)

¿Qué aparece en su reporte de crédito?

Hay cuatro tipos de información en tu reporte de crédito: la personal, la contable, la información de servicio público y las consultas.

Información personal, esto incluye:

- Su nombre completo, incluidos títulos.
- La dirección que utilizó cuando solicitó su reporte de crédito
- Direcciones previas
- Número de seguridad social
- Año o fecha de nacimiento
- Información de empleo actual o anterior
- Variaciones de su archivo personal, nombres, sobrenombres, un número de seguridad social diferente, direcciones diferentes, etcétera.

Si bien el reporte ayuda a confirmar de que su información sea correcta, algunos tienen más peso que otros. Las agencias de crédito no son célebres por llevar archivos precisos de información de empleo, así que no le de demasiada importancia si no está actualizada. (Aunque hacer algunas correcciones quizá no sea mala idea.) Por otro lado, si aparece un número de seguridad social diferente al suyo, debe hacer la corrección tan pronto como sea posible, porque esto puede indicar que se está cometiendo un fraude.

Información de cuenta. Este es una lista de cuentas (que la industria llama "líneas comerciales") que tenga en la actualidad o haya tenido previamente:

- Nombre y número de la cuenta
- Fecha de apertura y cierre
- El monto del pago mensual redondeado
- Historial de pagos mensuales, que por lo general cubre 24 meses
- Estatus actual de la cuenta (pagado, 30 días de retraso, etcétera.)

El tipo de cuentas que aparecen normalmente en su reporte de crédito son:

- Tarjetas de crédito, tarjetas de tiendas departamentales
- Préstamos bancarios
- Préstamos automotrices y de arrendamiento
- Hipotecas o líneas de crédito con garantía hipotecaria.

- Cuentas de consumo de compañías financieras.
- Préstamos para vehículos recreativos
- Préstamos estudiantiles

Tipos de cuentas que por lo general no aparecen en el reporte de crédito estándar:

- Cuentas de alquiler
- Información de cuentas de cheque
- Cuentas con pequeñas instituciones
- Historial de pago de rentas
- Cuentas de teléfono celular o servicios, a menos hayan pasado a una agencia de cobranza
- Cuentas médicas, a menos que sean morosas
- Manutención de los hijos, a menos que sea morosa

Importante: por ley, los acreedores no necesitan reportar a las agencias de crédito. Algunos solo reportan a uno o dos burós, mientras que otros solo hacen un reporte si se retrasa. También existen burós especializados que revisan información de cuentas, pero de ellos hablaremos más tarde.

Códigos de valuación

Cuando tiene su reporte la mayoría de la información aparece de forma simple, pero hay códigos que se han usado por años y que es útil conocer.

Apertura de cuenta (Por lo general tiene que ser pagada por completo en 30, 60, o 90 días)	O
Cuenta revolvente	R
Cuenta a plazos	I
Hipoteca	M
Línea de crédito	C

Códigos numéricos de estatus de pago:

Payment Status	Code
Sin calificación, nuevo, no ha sido utilizado	00
Pagado como acordado	01
Pagado con 30 días de retraso, o no más de un pago atrasado	02
Pagado con retraso de 60 días, o dos pagos atrasados	03
Pagado con 90 días de retraso, o tres pagos atrasados	04
Pagado con 120 días de retraso	05
Realizar pagos regulares bajo un plan de bancarrota o de asesoría de crédito	07
Reposesión	08
Reposesión voluntaria	8A
Reposesión legal	8D
Pagos a una cuenta de reposesión	8P
Rescate de reposesión	8R
Deuda mala; cuenta dada de baja	09
Cuenta de cobranza	9B
Pago a una cuenta dada de baja	9P
Sin calificación	UR
Sin clasificación	UC
Rechazado	RJ

Lo ideal es tener tantos pagos a tiempo como sea posible.

Su historial de pagos es la sección más importante del reporte, así que revíselo con cuidado para que se asegure que sea exacto. Mientras más rápido detecte los errores, más tiempo tendrá de corregirlos (y de hecho si toma tiempo). Explicaremos más adelante cómo hacerlo.

Su registro público e información de cobranza puede incluir:

- Juicios legales
- Embargos federales, estatales, e impuestos
- Declaraciones de bancarrota
- Cuentas de cobranza

La información del registro público es un poco diferente porque no hay número de cuenta, limite de crédito o historial de pagos, tampoco hay puntaje, pero se considera información negativa.

En este reporte puede haber un gran margen de error. Por ejemplo, una mujer, se mudó de California a Florida. Algunos años después, descubrió que el Estado de California había determinado que debía $100 dólares extra en impuestos estatales, pero como el estado ya no tenía su dirección, la habían demandando. (Para ese momento, debía ya más de $400 dólares, sanciones incluidas). Ella pagó esa cantidad, pero dos años después el juicio, no tenía estatus de satisfecho en su reporte de crédito y esto le causó problemas adicionales porque parecía que nunca hubiera pagado.

Las cuentas de cobranza son otro problema, con frecuencia no aparecen como pagadas, aún cuando lo estén, o no aparecen como en disputa, aún cuando el consumidor tenga un problema legítimo con estás.

A propósito, en la mayoría de los estados, los patrones pueden revisar su reporte de crédito, pero deben obtener su permiso por escrito. La estadística indica que muchos patrones no avisan a sus actuales o futuros empleados cuando revisan sus reportes de crédito para fines de empleo.

Consultas

Las consultas enlistan a las compañías que han visto su reporte de crédito en los dos últimos años. En esta sección puede ocurrir que no reconozca algunas, primero porque las compañías no necesitan su permiso para acceder a su archivo de crédito. Sólo necesitan un propósito legítimo de crédito, de seguro o empleo. Por ejemplo, solicitar una nueva cuenta de teléfono celular podría crear una consulta en su expediente.

Además, la compañía que accede a tu reporte, podría aparecer con un nombre diferente, por ejemplo, si solicita el financiamiento para un auto a una compañía X, puede que el financiamiento como tal, lo lleve a cabo una compañía de nombre completamente diferente, que es la que aparece en su reporte de crédito.

Advertencia: Las consultas de compañías que no reconozca pudieran ser signo de un fraude de crédito, así que no dude en solicitar a la agencia más información al respecto y contacte a las compañías si es necesario, para saber por qué revisaron su expediente.

Como vimos en el capítulo anterior, solo las compañías donde estés solicitando una línea de crédito pueden dañar tu calificación crediticia.

¿Por cuánto tiempo aparecerá esa información en el reporte?

Si su crédito está dañado es importante que sepa: ¿por cuánto tiempo puede aparecer la información negativa?

El crédito y su larga sombra

Roberto ha cometido algunos errores. Corrió algunos riesgos en un restaurante que no funcionó. Los doce meses siguientes después de que su negocio quebró fueron difíciles. Roberto había sido propietario único y era responsable de cada reclamo. Los acreedores lo perseguían día y noche.

Su abogado le había dicho que limitara su responsabilidad. Roberto creyó que el abogado sólo quería ganar más dinero. Sin embargo, se dio cuenta que gastar ese dinero extra, le hubiera ahorrado miles de dólares en angustia y falta de sueño.

La compañía proveedora de alimentos para el restaurante lo demandó, alegando fraude y ganó el juicio por $50,000 dólares. Roberto no pudo deshacerse del reclamo declarándose en bancarrota. Tuvo que pagar $1,000 dólares mensuales por cinco años. Su calidad de vida sufrió mucho durante esos años.

Los otros proveedores –la de productos de granja, manteles, el propietario del local– amenazaron con demandarlo. Durante seis meses

Roberto tuvo que lidiar con dueños de negocio enojados, los mantuvo a raya con la verdad: que no tenía ni un centavo.

Fue cuando las agencias de cobranza atacaron. Los acreedores turnaron sus reclamos a personas no muy agradables, que se dedicaron a derramar odio por teléfono. Estas personas, violando la ley, llamaban a Roberto tarde por la noche y le hicieron todo tipo de amenazas.

Por otros seis meses toleró estas llamadas. Hasta que dijo la verdad: no tenía ni un centavo. Las agencias de cobranza amenazaron con demandar y él les dijo que estaban en su derecho, también amenazaron con arruinar su historial crediticio, les dijo que ya estaba arruinado.

Con el tiempo Roberto desarrolló un sentido retorcido y filosófico –y muy útil– para tratar con las agencias de cobranza. A estas les pagaban para ser desagradables y hacer cosas desagradables. Mientras que Roberto había fracasado en una ocasión, todavía era una persona moral y por consiguiente su espíritu superior al de las voces al otro lado de la línea. Desarrolló una especie de calma cuando lidiaba con las agencia de cobranza. Mientras más le gritaban y amenazaban, él les respondía de manera más pacífica. Mientras más calma mostraba, más se enojaban los agentes. El nivel de vileza e insultos de los agentes empezó a dar miedo, sonaban incluso psicóticos, pero Roberto permaneció tranquilo. Había aprendido que el que se enoja pierde. Sin embargo, al finalizar alguna de esas llamadas, le preocupaba que las agencias de cobranza fueran directo a su casa y patearan a su perro. Pero ese no era su problema.

Después de un año las llamadas, tanto de dueños de negocios, como de agencias, disminuyeron. Algunas habían procedido con la amenaza de un reporte negativo en su historial crediticio. Su reporte lucía como nota reprobatoria de la clase de "Dinero básico".

Los últimos siete años no habían sido fáciles. Roberto volvió a ser chef de repostería, trabajó cinco años para pagar los $50,000 dólares de la demanda. Su crédito era tan malo, que no podía comprar una casa o un auto, así que vivía en un modesto departamento y usaba el transporte público para ir a trabajar.

Durante los últimos dos años, con el reporte de juicio como satisfecho, su situación financiera mejoró. Estaba ahorrando dinero para comprarse un auto en efectivo. ¿Pero cómo iba a pagar por el seguro? No lo sabia. Esperaba que la providencia lo ayudara.

Entonces Roberto recibió otra llamada. Notó, por el tono de voz, que era de una agencia de cobranza. La voz demandó un pago a la compañía X por $10,000 dólares de inmediato o lo iban a demandar, la voz también dijo que estaban seguros de poder ganar el juicio y que, en total, incluyendo el abogado y sanciones iba a deber $20,000 dólares. Roberto permaneció tranquilo e hizo la pregunta lógica. ¿Cuál era el vencimiento de la deuda? El cobrador se puso furioso, le gritó que las deudas se debían para siempre y que aparecerían en su reporte de crédito por toda la eternidad. Le dijo a Roberto que tenia 24 horas para decidir entre pagar $10,000 o los $20,000 y le colgó el teléfono.

Roberto presintió que algo no estaba del todo bien, no se trataba de algo aprendido en la escuela –desafortunadamente en la escuela no había aprendido nada sobre dinero– pero le parecía que en algún punto, la obligación que tenía sobre una deuda, terminaba. El creía que después de cierto número de años debería quedar libre de esos reclamos.

Decidió consultar a su abogado y gastar $200 dólares y no $10,000 que le demandaban.

El abogado le dijo que había un periodo de tiempo después del cual todas las deudas expiraban. En jerga legal, se le llamaba "estatuto de limitación", o un periodo de tiempo en el cual algo tuvo que ocurrir. Estos periodos de tiempo, explicó el abogado, han existido desde el imperio romano. Los emperadores sabían que si pasaba el tiempo suficiente los reclamos debían perder su efecto. Permitir que las disputas continuaran por décadas y generaciones, no era bueno para la estabilidad del imperio. Así que de ese modo los gobiernos habían continuado con las limitaciones hasta la actualidad. Mientras que cada estado tenía diferentes periodos de tiempo para diferentes asuntos. En el caso de Roberto el estatuto de limitación para la cobranza de una deuda era de siete años.

Roberto le dijo que ya habían pasado los siete años, el abogado tomó nota de este punto y le comentó que el otro periodo de siete años y medio, era el tiempo que aparecían sus deudas en su historial crediticio, esto llamó la atención de Roberto, le dijo a su abogado que el agente de cobranza le había dicho que las deudas permanecían en el reporte para siempre.

El abogado se rió. Había lidiado con mentirosos durante veinte años y los peores eran los agentes de las agencias de cobranza porque falseaban declaraciones, tales como que las deudas permanecían en el historial de crédito para siempre. Le informó a Roberto que la deuda no aparecería en el reporte crediticio después de siete años y seis meses a partir de la fecha de su primer retraso con el acreedor original.

Roberto ahora estaba enojado, el agente había tratado de engañarlo para pagar una deuda fuera del estatuto de limitación que, por lo tanto, ya no debía y pronto estaría fuera de su reporte. El abogado asintió y le dijo que eso pasaba todo el tiempo, las agencias se valían de cualquier cosa con tal de cobrar y le dijo que la ley animaba a los consumidores a reportar dichos abusos.

Roberto estaba más que dispuesto a reportarlos, aunque solo fuera para descargar su enojo. Además en otros cuatro meses, su historial crediticio estaría limpio de su aventura con el restaurante. Se sintió libre de nuevo y esperaba comprar su primer hogar.

Los reportes de crédito proyectan largas sombras, así que es importante saber por cuanto tiempo permanece la información en su expediente. Esto es lo que dice la Ley Federal de Reporte de Crédito Equitativo:

- Bancarrota: Todas las bancarrotas personales pueden permanecer diez años a partir de la fecha de la declaración (no a la fecha que es dada de baja, que es cuando el proceso de bancarrota termina.) Si se declaró bajo el capítulo trece, sin embargo, y durante algunos años pagó algunas deudas, puede pedir a las agencias de reporte de crédito que eliminen el reporte de bancarrota siete años después de la declaración. De hecho, en la mayoría de los casos esto debe ocurrir de forma automática.

- Demandas o juicios civiles: Siete años después de la fecha de entrada (determinado por la corte) o el estatuto de limitación vigente, el que tenga el periodo de tiempo más largo. Con frecuencia los burós de crédito retirarán esos siete años a partir de la fecha de registro, si el adeudo es saldado.

- Pago de gravámenes fiscales: Una vez pagados, pida al IRS que los elimine de su historial crediticio. De otro modo, aparecerán por siete años a partir de la fecha en que pagó.

- Gravámenes fiscales no pagados: Permanecen indefinidamente hasta que se paguen, a menos que califique para que los eliminen. Vamos a explicar cómo, más adelante en este capítulo.

- Cobranza o amortización de cuentas: No más de siete años y ciento ochenta días de la fecha original del retraso en los pagos.

- Pagos tardíos: No más de siete años.

- Préstamos estudiantiles morosos: Si tiene un incumplimiento, pero hace doce pagos consecutivos a tiempo, y continúa así, entonces puede solicitar que sus pagos retrasados previos sean eliminados. De lo contrario, son siete años.

- La información positiva o neutral puede permanecer en su reporte por tiempo indefinido.

¿Siete años a partir de cuándo?

Esto puede ser confuso. Un consumidor recibió un correo electrónico de una de las agencias de cobro más importantes, donde le informaban que sus cuentas por cobrar aparecían en su reporte por siete años a partir de la fecha en que tuvieran actividad por última vez. ¿Esto qué significa? ¿Se refiere a la última vez que se hizo un pago? ¿La fecha en que usó la cuenta? La ley no menciona la fecha en que tuvo actividad por última vez, pero quizá escuche este término de vez en cuando. Los abogados de la comisión federal de comercio han informado que esta fecha no determina el tiempo que la información permanece en su reporte.

La ley es muy específica acerca de las reglas de por cuánto tiempo un cobro puede permanecer en su reporte: siete años y ciento ochenta días (más o menos seis meses) a partir de la fecha del vencimiento de pago hasta que sea dada de baja. Tome en cuenta que no empieza cuando la cuenta se colocó a cobranza, ni en la fecha en que presentó actividad por última vez.

Por ejemplo: digamos que recién se atrasó con el pago de su tarjeta de crédito, mes de enero de 2012. No hizo sus pagos, así que en junio de 2012 el banco da de baja su cuenta. En diciembre del mismo año la mandan a una agencia de cobranza. Esa morosidad y la cobranza de la cuenta pueden permanecer en el reporte de crédito por siete años a partir de enero de 2012, o sea la fecha de vencimiento de pago.

Por ley, las agencias de cobranza tienen que reportar la fecha original de morosidad. Si no puede saber por su reporte, pregunte a la agencia de reporte de crédito.

Si no está ahí, entable una disputa. Esa es la única manera en que puede saber por cuánto tiempo la información aparecerá en el reporte.

Además, no permita que las agencias de cobranza le digan que esta información va a permanecer para siempre. Esas cuentas desaparecen después de siete años y medio ya sea que las pague o no. Las amenazas de las agencias sobre que continuarán reportando información negativa por más tiempo de lo que permite la ley, son ilegales. Si alguna agencia le dice lo contrario, repórtelas a la Comisión Federal de Comercio.

Cómo eliminar gravámenes fiscales

Estos pueden dañar muy seriamente su historial crediticio. Como ya lo mencionamos, pueden permanecer de manera indefinida si no paga, y después, una vez que haya pagado (o hayas llegado a un acuerdo), permanecen siete años a partir de la fecha de pago. ¡Así que pueden permanecer en su reporte de crédito por largo tiempo!

Sin embargo, si su oficina de impuestos tiene un programa llamado "empezar de nuevo", puede solicitar que eliminen el gravamen si ya ha pagado; o si debes $25,000 o menos y entra a un programa de pagos que permite al IRS deducir mensualmente de su cuenta bancaria. (Habrá un periodo probatorio de algunos meses para asegurarse de que está haciendo los pagos.) Si se encuentras en cualquiera de esas situaciones, puede solicitar que el gravamen sea eliminado. No ocurre de manera automática, y aún si lo solicita, puede tardar algunos meses.

Otras agencias de reporte de consumo

Innovis

Innovis Data Solutions (innovis.com), con frecuencia se refiere a está empresa, como el cuarto buró de crédito. No es muy conocida, de hecho es difícil buscar información acerca de lo que es y lo que hace. Actualmente no provee reportes de crédito directo a los acreedores. En lugar de eso, vende listas que las compañías de crédito y otros negocios pueden usar para mercadotecnia. Por ejemplo, vende listas de personas que se han mudado recientemente, o listas de personas que se han retrasado en sus pagos (para ser utilizadas al momento de ofrecer tarjetas de crédito pre aprobadas).

No le van a negar una línea de crédito basado en su reporte Innovis. Pero podrías no ser tomado en cuenta para ofrecerle lo mejor, así que es buena idea que mientras revise su reporte de crédito, también lo hagas con su expediente Innovis. Puede encontrar las instrucciones en innovis.com.

Chexsystems, Telecheck y Certegy

Comprobación

Amber trabajaba en una agencia de autos, en el departamento de servicios. Había trabajado para ascender y aceptó el trabajo como asistente de gerencia en otra agencia a kilómetros de distancia. Le gustaba usar los bancos locales, porque sentía que recibía un servicio más especializado en instituciones pequeñas. Así que cerró su cuenta de banco con la certeza que podría abrir una cuenta nueva en un banco pequeño en la nueva ciudad.

Pero ocurrió un problema entre cerrar su cuenta de banco y abrir una nueva.

Se deshizo de sus cheques viejos, pero no con una trituradora de papel, sino en un bote de basura a la mitad de la oficina. Creyó que con la cuenta cerrada no debía tomar precauciones extra, no se preocupó de que alguien del departamento de nominas tuviera acceso a su número de seguridad social, a su firma y, ahora, a sus cheques.

Cuando se estableció en la nueva ciudad, fue al banco local para abrir una nueva cuenta y de manera muy gentil, le dijeron que no podían ayudarle. Al principio Amber estaba confundida y después enojada. Demandó saber por qué no querían abrirle una nueva cuenta. Tenía buen crédito y nunca había dejado de hacer un pago. Le dijeron que recibiría una carta donde le explicarían la razón.

Amber salió furiosa y fue a un banco más grande. La respuesta fue la misma – no tendría cuenta – pero el representante fue más comunicativo. El banco usaba una agencia de reportes de consumo, Chexsystems, que había entregado información negativa de ella, también le dijo que había otras dos agencias que el banco había usado en el pasado Telecheck y Certegy y que, incluso si una sola compañía reporta información negativa, esto podría hacer muy difícil que abriera una nueva cuenta de cheques.

Amber se preguntó como es que eso había podido ocurrir. Había cerrado su cuenta después de que los cheques que había emitido fueron autorizados. Le preguntaron si quizá había olvidado cancelar algún pago automático que pudiera haber sobregirado su cuenta, respondió que no. Incapaces de darle alguna otra información, el banco le dio los números telefónicos de las agencias de reporte de crédito. Después de mucho tiempo y esfuerzo, descubrió que los cheques que había tirado a la basura habían sido usados de manera fraudulenta. Le tomó varios meses poner las cosas en orden y que se eliminara la información negativa de su reporte de crédito para así abrir una nueva cuenta.

Los cheques rebotados o las cuentas de cheques sobregiradas, por lo general no llegan a los reportes de crédito estándar. Una de las formas en que pueden surgir es cuando un balance negativo ha sido turnado a una agencia de cobranza, pero si no tiene fondos suficientes y los cheques rebotan, esto no afecta su historial crediticio.

Dentro de la industria bancaria hay tres agencias que sí reportan estas situaciones a los bancos y comercios, que desde luego, quieren evitar cheques rebotados y fraudulentos.

Telecheck mantiene una base de datos de información de cuentas bancarias y de cheques, y después usa parámetros basados en el riesgo para alertar a los comercios de posibles fraudes antes de aceptar un cheque. Si alguna vez pagó con cheque y le dieron un recibo electrónico de la transacción para que lo firmara, entonces ha visto trabajar al sistema electrónico de aceptación de cheques de Telecheck.

Chexsystems reúne información de firmas financieras miembros y después la comparte entre ellos mismos. Su reporte ayuda a los bancos, a instituciones de ahorro, y de préstamo, así como otras similares a determinar si se puede o no abrir una cuenta nueva. Esta agencia es por medio de la cual sus saldos insuficientes y sus cheques rebotados van a generar un reporte negativo.

Certegy Check Systems, a través de su base de datos y su software de análisis de riesgo, también ayuda a los comercios a decidir si acepta o no un cheque. Si un comercio utiliza Certegy para rechazar un cheque, esta compañía también tiene un servicio que le puede ayudar a evitar estos problemas en el futuro, se llama Certegy Gold Application y es gratis. Si se registra en Askcertegy.com le puede ayudar a evitar la mayoría de rechazos en cheques.

Estos tres servicios ofrecen una copia de su reporte anual gratis. (Desde luego, si no está en su sistema, no tendrán un reporte suyo.)

– Chexsystems: 1-800-428-9623 o ConsumerDebit.com

– Certegy Check Systems, Inc.: 1-866-543-6315 o AskCertegy.com

– Telecheck/FirstData 1-800-366-2425 o FirstData.com

Si no tiene un reporte con estas agencias y ha ocurrido un error, puedes entablar una disputa. Todas son agencias de reportes de consumo amparadas por la FCRA.

Si su información no es exacta, y todavía debe cargos a la institución financiera que lo reportó, negocie que la institución acceda a borrar su reporte si paga el balance restante. La información negativa permanecerá en su expediente cinco años y puede hacer muy complicado abrir una nueva cuenta.

¡Tenga cuidado! Aún si nunca tienes un cheque rebotado, igual podrías terminar con un reporte negativo de Chexsystems ¿Cómo? Si cierra una cuenta y se olvidas de pagos automáticos o retiros pre autorizados, estos podrían sobregirar la cuenta y dar pie a uno de estos reportes.

¿Consiga CLUE?

Existe un reporte que podría sorprenderle. No es sobre usted, sino sobre la propiedad que compra. Se le conoce como el Aseguramiento de Utilidad Integral de Intercambio, (Comprehensive Loss Underwriting Exchange o CLUE) y es una base de datos de la industria aseguradora que sirve para negar cobertura a propiedades problemáticas.

Perro malo, casa mala

Nicolás estaba listo para invertir en una propiedad residencial. Después de superar algunos obstáculos financieros, el año pasado compró su primera casa. Era su residencia, pero la había comprado con la intención de rentarla, una vez que él se hubiera mudado a una casa más grande, tal y como lo tenía planeado.

Por el momento buscaba otra casa para generar un ingreso pasivo mensual. Sabía que sus problemas financieros previos, podrían arreglarse con un ingreso mensual extra de $200 dólares. Así que Nicolás necesitaba encontrar la propiedad correcta al precio correcto.

Después de varias semanas de búsqueda, encontró una propiedad adecuada. Era una casa de tres recamaras, dos baños, que si bien necesitaba reparaciones, tenía pisos de madera y un patio muy grande. Parecía tener un precio de $20,000 por las condiciones del mercado local. Y el dueño ausente estaba dispuesto a un préstamo de solo intereses por dos años, para que el nuevo dueño pudiera arreglar el lugar.

Nicolás estaba interesado y recorrió la propiedad. Notó un fuerte e irritante olor al entrar, pero después de un minuto o dos se acostumbró. La propiedad era adecuada, así que ofreció $2,000 dólares de enganche.

Mientras hacia el trabajo de adquisición, contactó a su agente de seguros para la cobertura de la propiedad. Un día después, el agente le llamó con malas noticias. No podía asegurar la propiedad porque tenía un reporte CLUE negativo. Como Nicolás no sabía de qué se trataba, su agente le explicó. En vista del registro de reclamos, la industria aseguradora tenía como objetivo detectar propiedades problema. Si se presentaba una serie de robos, daños causados por agua o tormentas u otras quejas sobre la propiedad, ahora las aseguradoras podían negar la cobertura. La decisión no tenía nada que ver con el historial crediticio del comprador, se trataba sólo de la propiedad y su historial de reclamos previos.

Nicolás preguntó cuál era el problema con la propiedad. El agente le explicó que el dueño la había rentado siempre a familias con perros, y cada vez que la familia se iba, el propietario presentaba un reclamo al seguro por el daño causado por los perros al marcar su territorio. Nicolás había notado que el olor era demasiado fuerte, pero preguntó si podía conseguir un seguro si accedía a no volver a rentar a familias con perros. El agente le explicó que futuras promesas y nuevas comienzos no eran considerados, pues la propiedad ya estaba marcada por la industria aseguradora.

Nicolás le agradeció por la información, y se retractó del convenio. Alguien más tendría que lidiar con esa propiedad.

Es importante mencionar que solo el propietario puede solicitar uno de estos reportes CLUE. Como futuros dueños, los compradores deben solicitar que el vendedor les entregue el reporte de CLUE. De otro modo, cuando no puede obtener cobertura para una propiedad con problemas, el perfil negativo de la propiedad puede acabar manchando su buen crédito.

Hay desafíos en todos lados.

Ahora es momento de ser calificado...

Capítulo catorce

Calificaciones de crédito

Si bien su reporte de crédito es importante, los números derivados de este –su calificación crediticia– es quizá, más importante. Las calificaciones crediticias son misteriosas y con frecuencia, mal interpretadas. Pero son tan importantes, que vale la pena tomarse el tiempo de entenderlas.

¿Cuánto vale un buen puntaje de crédito?

La mayoría de las personas habrá escuchado de los puntajes FICO. Estos puntajes son creados por una compañía que se llamaba Fair Isaac Company, mejor conocida por sus siglas FICO. Sus puntajes se han utilizado por muchos años y son los más solicitados. Sin embargo, no tiene solo un puntaje, porque FICO puede generar diferentes reportes de puntuación, dependiendo de quién los use y con qué propósito.

Existe un propósito cuando al crear un puntaje y es predecir un comportamiento. En la mayoría de los casos los prestamistas o las compañías de seguros los usan para predecir el riesgo al momento de prestar dinero (o extienden cobertura) a un consumidor. Pero también pueden utilizar los puntajes para predecir qué tan rentable es un consumidor actual o prospecto, para predecir lo que va a ocurrir si incrementan la línea de crédito del consumidor o cambian los términos de una cuenta, etcétera.

Los puntajes se crean analizando los factores que grupos diferentes de consumidores tienen en común. El objetivo es encontrar aquellos factores que los que pagan a tiempo tienen en común, así como los factores que comparten quienes no lo hacen. Con frecuencia los puntajes FICO se basan en la información que aparece en su reporte de crédito, pero también pueden tener información de historiales de cuenta.

Por otro lado, simplemente hoy en día no habría manera de acceder a una línea de crédito tan fácilmente, si no existieran los reportes y puntajes de crédito. Si necesita pedir prestado para una emergencia –o por deuda buena– los puntajes de crédito hacen posible obtener un crédito muy rápidamente. Los puntajes de crédito son objetivos y en su mayor parte, imparciales, en el sentido de que no toman en cuenta género, raza, datos demográficos u otros factores similares. Como lo ha señalado Gerri Detweiler, hay algunas preocupaciones legítimas debido a un sesgo contra migrantes recientes o minorías, que quizá no hayan establecido un expediente crediticio de manera tradicional. Aquí hay algunos puntos básicos que debe conocer acerca del puntaje crediticio:

- Todo depende. Casi todos nosotros pensamos en nuestro puntaje de crédito como una "tabla de puntuación", en otras palabras, como en un juego de golf donde se toman en cuenta los golpes para sumar el puntaje, pero no es tan simple. De hecho, hay una tremenda recopilación de datos que se usan para crear estos sistemas, lo más importante que debe entender es que cada factor es interdependiente de los otros datos disponibles. Es como un juego de golf donde cada golpe se basa, no sólo en el hecho que haya golpeado la pelota, sino también el factor del viento, la luz y el ruido.

  Tenemos la tendencia a pensar en los puntajes de crédito en términos directos... si hago X entonces mi puntaje mejorará (o aumentará) en un número x de puntos. En el puntaje, sin embargo, el efecto de una acción, como cerrar una cuenta o pagar una cuenta, dependerá de otros factores.

  Aquí hay un ejemplo. Quizá haya escuchado que por cada consulta sobre su expediente, su puntaje baja de 3 a 5 puntos, o algún otro número. Esto podría ocurrir, pero podría no ocurrir. Cuánto caerá su puntaje, si es que baja –por una consulta de crédito nuevo, dependerá del tipo de consulta así como de otros factores en tu reporte de crédito individual.

- No siempre parece lógico. Mientras que con frecuencia tratamos de entender los puntajes de crédito en términos lógicos como "demasiadas consultas de crédito hacen que parezca que está solicitando demasiado crédito", la verdad es que todo se reduce a los números. La información en el puntaje lo evalúa para predecir riesgos. Si algo ayuda a hacerlo, será incluido en el puntaje. De lo contrario, no lo incluirán.

  He aquí un ejemplo de esto. FICO determinó hace algunos años que el hecho que una persona haya utilizado una asesoría de crédito, no ayuda a predecir el riesgo futuro, así que ya no se incluye cuando calculan el puntaje.

  No estoy diciendo que los puntajes sean ilógicos, aunque podría parecer de ese modo. Solo quiero decir que discutir las explicaciones de por qué es incluido (o no) no es de mucha ayuda.

  Si lo rechazan al solicitar una línea de crédito o un seguro (o le cobran más) en base a su puntaje, por ley, se supone que le deben dar las cuatro razones más importantes que contribuyeron a su puntaje. Pero incluso estas pueden ser confusas. Si la razón es "demasiada cuentas de tiendas departamentales", por ejemplo, eso plantea la pregunta "¿cuántas son demasiadas?" No existe un número específico, sin embargo, todo depende de la información en su expediente.

- No tienes un solo puntaje de crédito. De hecho, tienes varios puntajes diferentes, dependiendo de cómo se haya reunido la información y cuándo. Si alguna vez ha solicitado una hipoteca, por ejemplo, el prestamista quizá haya solicitado su reporte de crédito y el puntaje a un buró de crédito especializado.

  Al hacer esto, probablemente haya recibido una puntuación FICO de una, o más agencias. Estos puntajes en ocasiones pueden no ser muy diferentes, debido a que las formulas no son exactamente las mismas, y tampoco la información que aplican en cada una. Después de todo, el puntaje sólo se puede basar en información disponible, y es posible que diferentes agencias de reporte de crédito tengan en alguna medida, diferente información, como lo explicaremos en el próximo capítulo tu puntaje será diferente de acuerdo a la agencia que lo emita, hay tres principales.

En el ejemplo de la hipoteca, el prestamista quizá reviso, de los tres, el puntaje de "en medio" para que lo ayudara a determinar a qué programa y/o la tasa de interés para calificaba. En otros casos, los prestamistas quizá prefieran utilizar el reporte de una agencia en particular, o quizá usen diferentes agencias para clientes en diferentes partes del país.

• Los puntajes se crean cuando se solicitan. Quizá piense que su reporte de crédito y los puntajes son archivos que están en las agencias del reporte de crédito, como si fuera un documento de Word que se actualiza periódicamente. Pero de hecho, solo se crean cuando se solicitan. Cuando un prestamista (o usted) solicita información de su crédito, las computadoras reúnen la información disponible crear su reporte y/o puntajes. Eso significa que...

• Las cosas cambian. El flujo de información que llega a las agencias de reporte de crédito es constante, de modo que la próxima vez que alguien solicite su información crediticia, su reporte puede cambiar. La información puede cambiar mucho, o solo un poco. Y como su puntaje de crédito se basa en la información de l reporte de crédito, sus puntajes también pueden cambiar. Si se declara en bancarrota, o si una de sus cuentas se turna a una agencia de cobranza, su puntaje puede caer mucho. Pero también puede caer después de cambios que creía positivos, como la bancarrota, o que se elimine un juicio del reporte. Así que predecir lo que ocurrirá con su reporte después de ciertos cambios es difícil.

Por ejemplo, del reporte de crédito de John fueron eliminados, después de siete años, su declaración de bancarrota y dos gravámenes fiscales. El creyó que su puntaje subiría, pero en lugar de eso bajó. La razón puede ser que antes él estaba en el grupo de "declarado en bancarrota". Pero ahora solo eran un consumidor sin muchas referencias crediticias.

- Más podría ser mejor. Si ha tenido problemas de crédito, quizá crea que evitar una línea de crédito es una buena forma de alejarse de los problemas y construir mejor historial crediticio. Sin embargo, los sistemas de puntaje de crédito dependen de los datos de su reporte de crédito para predecir cómo va a manejar su crédito en el futuro. Si no hay nada reciente que analizar, su puntaje se verá perjudicado, además, si no tiene absolutamente nada, es aún más difícil tener un buen historial crediticio...

Sam el autosuficiente

Sam era un individuo fuerte. No le agradaban los bancos, las compañías de tarjetas de crédito, los partidos políticos, los sindicatos, las cadenas de televisión, las campañas de beneficencia o los fanáticos religiosos. En especial le desagradaban las compañías eléctricas.

Sam solo quería que lo dejaran en paz. Vivía en una pequeña cabaña en el remoto territorio al este de Idaho, cerca del Grand Teton. Sam tenía el cabello largo, la barba larga y la mecha corta. Había cortado madera todo el verano, de modo que pudiera calentarse durante el invierno y usaba una lámpara de propano en la noche para no pagarle nada a la infernal compañía local de electricidad. En tiempo de cosecha, Sam guardó arándanos, manzanas y otras frutas por lo que tuvo comida durante el invierno.

Sam se ganaba la vida llenando sobres en su tiempo libre, tiempo que era limitado debido a toda la madera que tenía que cortar y a la conservación de alimentos. Le pagaban en efectivo y eso le agradaba. No le gustaba la Reserva Federal (que emitía el efectivo), pero los bancos le gustaban aún menos. No tenía una cuenta de banco, ni la quería. Él era un tipo solitario y solo manejaba efectivo.

Sam pagaba todas sus necesidades en efectivo, y se sentía orgulloso del hecho de no tener que pagar facturas regulares, creía que su crédito era excelente y superior al de los demás.

Pero Sam estaba preocupado por la salud de su querida madre que vivía sola en Arkansas. Con frecuencia pensaba en llamarla, pero no tenía teléfono en la cabaña. El dueño de una pequeña estación de gasolina colina abajo, no le permitía usar el único teléfono del pueblo, debido a una discusión que habían tenido años atrás acerca de los demonios de las compañías eléctricas. Así que Sam no llamaba a su amada madre con mucha frecuencia.

Un día llegó la camioneta del servicio postal. Era la primera vez que alguien entraba en su propiedad en cinco años. A Sam no le llegaban recibos de teléfono o electricidad o de tarjetas de crédito, no estaba suscrito a ninguna publicación y ciertamente jamás recibía correo basura. Cinco años atrás, cuando apareció el último cartero para entregarle un sobre acerca de un sorteo, Sam lo había echado de su propiedad con lo que parecía ser una bazuca. Sam disfrutó del hecho de que, al parecer, las armas de alto poder eran todavía lo único efectivo contra el correo basura.

El cartero se aproximó cauteloso, con las manos en alto. Ondeo una bandera blanca con una mano, mientras que con la otra sostenía un sobre. Afirmó que tenía una carta de un familiar de Arkansas, Sam le dijo al cartero que dejara la carta en el suelo y que se retirase lentamente. El cartero lo hizo, se subió a su camioneta y se fue. Sam dejó a un lado su bazuca y fue por la carta.

Era de su hermano Elbert, notificándole que su madre había fallecido. En la carta, le urgía que fuera al funeral e incluía un boleto de avión.

Sam no sabía que hacer. No quería ver al resto de la familia, pero quería honrar a su madre. Así que salió temprano, se subió a la vieja camioneta y fue hacía el aeropuerto de Idaho Falls.

Sesenta y cuatro kilómetros después, la camioneta murió. Sam la llevó a una estación de servicio donde el dueño le dijo que iba a necesitar un depósito para comprar algunas de las partes, y le pidió a Sam su tarjeta de crédito. Sam no tenía y, como lo señaló beligerante, tampoco quería. El dueño se encogió de hombros, el efectivo estaba bien. Sam reunió dinero suficiente para satisfacer al dueño y para el taxi al aeropuerto.

En el mostrador del aeropuerto le pidieron su identificación, él mostró su licencia de manejo la cual no había renovado en tres años. El agente del mostrador le pidió otra identificación, pero no tenía ninguna –ni tarjetas de crédito o de tiendas departamentales, nada y en definitiva estaba orgulloso de no necesitar esas cosas– debido a su excelente crédito.

La situación disparó una alarma con el agente de mostrador. Un hombre enojado y barbón sin identificación actualizada, que no estaba en ninguna lista de pasajeros frecuentes de ninguna línea área. Con amabilidad le pidieron a Sam que esperara mientras ellos verificaban algunos datos, él gruñó que más les valía que no llegara tarde al funeral de su madre.

En la oficina el agente buscó en la base nacional de seguridad a Sam. Tenía un número de seguridad social pero ningún pago asociado, es decir, era invisible para el sistema, una perspectiva única y preocupante.

El gerente se preguntó como es que había comprado un boleto de avión. Buscaron y encontraron el nombre de Elbert, investigando sus antecedentes encontraron que él trabajaba para la Guardia Nacional de Arkansas, y llamaron para obtener confirmación. Eventualmente encontraron a Elbert, quien les dijo que en efecto su hermano se dirigía al funeral de su madre.

A Sam entonces se le permitió abordar el avión, pero nunca se enteró que su excelente crédito casi le cuesta el asiento.

Cuando llegó a Little Rock, Arkansas, Sam se dio cuenta que no tenía suficiente efectivo para el taxi a Botkinburg, donde se llevaría a cabo el funeral. Pensó que quizá sería más barato rentar un auto. En el primer mostrador le pidieron una tarjeta de crédito, una vez más, Sam les dijo que no tenía y ni quería una. Amablemente, le informaron que entonces no podría rentar un auto.

Sam perdió los estribos en el siguiente mostrador y luego en el siguiente y en el siguiente. Furioso se preguntaba por qué alguien con un excelente crédito no podía rentar un auto sin tarjeta de crédito. Un hombre amable de 30 y tantos años se le acercó, compartía su frustración y se ofreció a ayudarle. Él se dirigía por la carretera 65 y podía darle un aventón al funeral. Finalmente llegó a tiempo al servicio, Sam le agradeció al conductor. El hombre le dijo que no era necesario, le quedaba de paso y en todo caso a quien tenía que agradecer era a su patrón, la compañía de electricidad local.

Como lo ilustra el caso de Sam, en la sociedad de hoy es muy difícil mantener un crédito excelente, y aún mucho más, moverse sin un historial crediticio. Puede elegir ser un ermitaño en las montañas, pero esa opción es solo la para unos cuantos. El resto de nosotros debemos preocuparnos por nuestro perfil crediticio y nuestro puntaje.

En la actualidad, lo mejor es tener cierto éxito crediticio. Por lo general, cuatro o cinco tipos de cuentas diferentes, pagadas a tiempo, le darán una puntuación más fuerte que si sólo tiene una. En la mezcla incluye una tarjeta de crédito de un banco grande, quizá un préstamo automotriz, una hipoteca, la tarjeta de una tienda departamental y otro tipo de préstamo.

Esto no quiere decir que deba abrir un montón de cuentas de una sola vez. Hacerlo puede también tener un efecto negativo a su crédito a corto plazo, pero si su historial de crédito es escaso y su puntuación lo refleja, es posible que desee añadir algunas referencias.

¿Qué hay en un puntaje de crédito?

En el puntaje FICO, mientras más alto el número, mejor el puntaje. Puntajes arriba de 720 se consideran excelentes (850 es lo más alto), aquellos en el rango de 650 – 720 son muy buenos, mientras que aquellos en el rango 650 – 680 no son terribles, pero seguro tienen tasas de interés altas. Una vez que está por debajo de los 650 es posible que tenga problemas de crédito o que le carguen tasas de interés muy altas. Estas son las reglas generales, sin embargo, cada acreedor tiene diferentes criterios.

De acuerdo con FICO, hay cinco categorías de información (junto con sus respectivos pesos) que van dentro de la puntuación:

Historial de pagos	35%
Monto de los adeudos	30%
El tamaño del historial de crédito	15%
Nuevo crédito	10%
Tipo de crédito en uso	10%

Es obvio que su historial de pagos es el factor más importante en la puntuación. Pero hay algunos otros puntos finos de los cuales no estaba al tanto:

La mayoría de los acreedores no reportan un pago tardío a los burós de crédito hasta que el atraso es de 30 días. (Pero a menudo te cobraran una tarifa considerable si te retrasas sólo una hora con el pago.) Esto no es una regla, así que siempre debe asegurarse si tiene algún problema para cumplir con la fecha de pago. A veces sucede que si paga tarde de manera crónica, aunque sea por unos cuantos días, podrían cerrar su cuenta o aumentar tu tasa de interés.

Retrasos reciente en los pagos, incluso si son pequeñas cantidades, pueden dañar tu puntuación de manera significativa.

Los pagos tardíos por lo general van a permanecer siete años, aún si se puso al corriente y pagó su deuda. Vea el siguiente capítulo para más detalles.

Es más importante cuánto tiempo se retrasa, que la cantidad que debe. Por ejemplo, no hacer el pago mínimo de $20 dólares durante cuatro meses seguidos muy probablemente van a impactar más su puntuación, que dejar de hacer un sólo pago de $300 dólares de un préstamo automotriz.

Los saldos de las cuentas, sin embargo, juegan un papel más importante de lo que la gente cree. Es común escuchar, "tengo un crédito excelente" de un consumidor que paga a tiempo pero tiene muchas deudas –cuyos puntajes sufren como consecuencia. Hay varios factores a tomar en cuenta en esta evaluación:

Qué tan cerca está del límite de sus cuentas revolventes, como tarjetas de crédito y líneas de crédito porque, mientras más cerca esté del límite, peor será para su puntuación.

Cuánto debe sobre sus líneas revolventes de crédito. Sume todas sus líneas revolventes de crédito y después sume los saldos pendientes. Idealmente, debe usar menos del 10% de su crédito disponible. Si usa más del crédito disponible en sus cuentas revolventes, su puntuación empezará a sufrir.

Cuánto debe en comparación con otros consumidores en el país. No necesita cargar con una deuda para construir su crédito. Sí necesita tarjetas de crédito para referencias crediticias, pero no necesita deberle a todas. Use las tarjetas para cosas que igual compraría, y liquide los saldos para evitar deuda mala.

El consejo obvio es tratar de mantener los balances, en especial de las cuentas de su crédito revolvente (que con frecuencia es igual a deuda mala). Pero también hay otro consejo que va a la par: tenga mucho cuidado al momento de cerrar viejas cuentas.

Cierre de cuentas

Si ha tenido crédito por algún tiempo, seguro terminará con cuentas viejas que todavía aparecen como abiertas en su reporte de crédito. A menos que le diga al acreedor que quiere cerrar tu tarjeta de crédito, ellos probablemente no lo hagan. (A ellos les encantaría que la use de nuevo.) Pero si lo solicita, tienen que cambiar el estatus a cerrada.

Pero, ¿es lo mejor para tu crédito? Quizá no. FICO ha dicho que cerrar cuentas viejas nunca ayuda al puntaje de crédito, al contrario lo perjudica. Si habla con un agente hipotecario, sin embargo, podría escuchar que ellos tenían un cliente que cerró cuentas inactivas y eso impulsó su puntaje. Pero en realidad no es así, por tres razones:

Probablemente cerró la cuenta vieja. Si bien cerrar una cuenta no la elimina de su historial crediticio, una vez cerrada quizá si deje su historial, pero reduce el tamaño de su historial crediticio. Cuando se trata de puntajes de crédito, mientras más grande el reporte, mejor.

Ya he explicado que las puntuaciones de crédito revisan su crédito disponible para conocer la proporción de su deuda pendiente. Cierre algunas cuentas y quizá luzca como que está más cerca del límite total de su crédito disponible. Las puntuaciones de FICO no se fijan en su total de crédito disponible, pero los acreedores individuales sí pueden tomarlo en consideración.

El cierre de cuentas puede dejarle con muy pocas referencias de crédito.

Aquí tiene un correo electrónico que Gerri Detweiler, nuestra editora, recibió de un agente hipotecario, donde le cuenta la experiencia de un cliente con el cierre de cuentas:

Tuve un día interesante. Lo primero que hice por la mañana fue revisar el reporte de uno de mis clientes con puntajes de 648, 677 y 684. No entendía por qué sus puntuaciones eran tan bajas, si justo había revisado su reporte de crédito dos meses antes y sus puntuaciones estaban en el rango de 700 – 710. Como no encontré ninguna razón de por qué había bajado, no había pagos tardíos, ni tampoco mucho más crédito disponible, le pregunté si había cerrado alguna cuenta de tarjeta de crédito recientemente. Ocurrió que, de hecho, sí había cerrado una de sus tarjetas más antiguas. No veo ninguna otra razón de la baja de su puntaje, así que esa debió haber sido la causa.

Gerri le contó la historia a un colega, quien tenía una historia muy diferente. Dos meses antes, ella había solicitado su reporte de crédito y había obtenido un puntaje de un promedio de 570. Tenía 17 tarjetas de crédito abiertas y no mucho crédito disponible, pero ningún pago atrasado. Cerró siete tarjetas de crédito y fue inteligente (o corrió con suerte), cerró las más recientes y conservó las más antiguas. Un mes después, su puntuación de crédito subió a 640.

Creo que en ambos casos el cambio en el crédito fue tan grande porque ambas son muy jóvenes y no tienen mucho historial crediticio. Dudo que hubiera habido tanto cambio en cualquiera de los casos, si tuvieran un crédito de 20 – 30 años, pero, ¿quién sabe?

Como Gerri sugiere, si de verdad quiere cerrar esas cuentas inactivas, hágalo de una en una, quizá no más de una, cada seis meses. FICO recomienda que empiece por las tarjetas de tiendas departamentales en lugar de tarjetas de crédito de bancos grandes, y cierre las más recientes, y no las más antiguas. Deje varias abiertas para emergencias y para mejorar su historial crediticio.

Consultas

Cada vez que una compañía solicita su reporte de crédito, se origina una consulta. Hay dos tipos: consultas duras (las que las compañías que solicitan su reporte pueden ver) y consultas suaves (que nadie, excepto usted puede ver). Las consultas duras afectan su puntuación de crédito, pero las suaves no.

Las consultas suaves incluyen:

- Consultas promocionales: Cuando su expediente se usa para una oferta pre aprobada de crédito.

- Revisión de cuenta: Cuando los acreedores revisan su expediente.

- Por iniciativa del consumidor: Cuando solicita su propio reporte.

- Las consultas de patrones y compañías de seguros pueden ser consultas duras, pero por lo general no cuentan al momento de calcular el puntaje de crédito.

Consultas de hipoteca, de préstamos estudiantiles y automotrices

Buscar en internet una hipoteca o un préstamo para auto puede originar muchas consultas, así que debe tener cuidado. De igual modo, cuando compra un carro, es muy común que el vendedor acceda a su expediente de crédito. A veces lo hacen incluso sin su permiso o sin que usted se entere, así que debe estar alerta.

FICO ha creado un programa para abordar este tema. Todas las consultas de hipoteca, préstamos estudiantiles o de auto, de los últimos 30 días (o 45, dependiendo de la versión FICO que se use) son ignoradas, mientras que las consultas dentro de los últimos 14 días (antes del periodo más reciente de 30 días) se tratan como una sola consulta. No hay protección especial cuando se trata de tarjetas de crédito u otro tipo de préstamos.

Precaución: si una consulta hipotecaria o de préstamo para auto no puede ser identificada como tal, este programa no va a funcionar, y tampoco si el acreedor utiliza un software que no haya incorporado estos cambios.

Cómo obtener su puntaje de crédito

En tanto que tiene derecho a una copia gratuita de su reporte de crédito una vez al año, sólo tiene derecho a una puntuación de crédito gratuita si le rechazan al solicitar crédito o un seguro (o le cargan más por estos servicios) y la causa es la información en su reporte de crédito. La buena noticia es que si recibe está información, sabrá cuál es su puntaje de crédito, el mismo que vio el prestamista o asegurador. ¿La mala noticia? Recibe la puntuación después del hecho, lo ideal es solicitar su puntaje antes del crédito.

Es por eso que es de utilidad conocer su situación una vez al año. En la siguiente sección, explicaremos cómo llevar a cabo su propia revisión de crédito anual.

Puntuaciones de seguros con bases crediticias

Alrededor del 95 % de las aseguradoras de autos y el 90 % de las de casa habitación, usa la puntuación de crédito para decidir si pueden otorgarle el seguro y a qué tasa de interés. Existe mucha controversia en torno a este tema. Algunos conductores de la tercera edad por ejemplo, que nunca han presentado una reclamación, fueron rechazados por sus aseguradores debido a sus bajos puntajes de crédito. No es que tengan mal crédito, es que realmente no lo utilizan y por eso sus puntajes son bajos.

No tener crédito es mal crédito

Agnes y su esposo Bill siempre habían trabajado y ahorrado su dinero. Cuando se retiraron, decidieron viajar, compraron una camioneta y empezaron a recorrer el país. Por primera vez, obtuvieron una tarjeta de crédito, sólo para emergencias en el camino.

Su hija cuidaba la casa y revisaba el coreo mientras estaban fuera y ellos la llamaban religiosamente cada domingo. Una semana su hija les informó que había recibido una carta de la compañía aseguradora, donde les indicaba que si bien el seguro de su camioneta se había renovado, ellos no calificaban para el descuento por "crédito excelente" que la compañía ofrecía. Su hija ya había llamado al agente de seguros de la familia y ahora sabía que aunque su expediente de manejo era intachable, la compañía de seguros ahora tomaba en cuenta los puntajes de crédito para evaluar a los conductores. Aún cuando Agnes y Bill nunca tuvieron un pago tardío en su vida, su falta de referencias recientes hacia que no tuvieran acceso a la mejor tarifa. El agente iba a buscar otra póliza, pero le advirtió que actualmente era muy común utilizar los puntajes de crédito para el propósito de asegurar.

Además, siempre existe el tema de la precisión. Si su reporte de crédito no es preciso o es víctima de fraude, esa información puede influenciar sus puntuaciones. Puede que esté pagando más por seguro u otros servicios y no sepa por qué.

Usualmente, una puntuación de crédito y una puntuación para seguros basada en el crédito cae en categorías similares. En otras palabras, si tiene un buen puntaje de crédito, debería tener un buen puntaje de seguros basado en su buen crédito, pero no siempre es así.

Si le niegan un seguro, o si tu tarifa se incrementa, se debe en parte a su reporte de crédito, sin embargo, deben darle la información del por qué, también deben indicarle cómo contactar al buró de crédito que proveyó su expediente para obtener una copia gratuita. Insista en ello porque es su derecho.

Si no le agrada la idea de que su historial de pagos se utilice para determinar tus tarifas de seguro, lo único que puede hacer es quejarse con las autoridades a nivel local y federal. Después siga mi consejo y empiece a construir un mejor crédito, por lo general esto significa una mejor puntuación de seguros.

Advertencia: Algunos consumidores han caído en "la estafa del falso puntaje crediticio". Una agencia automotriz checa su crédito, le dicen que su puntaje es menor de lo que en realidad es, y le dan un financiamiento caro. Otra alternativa, es que la agencia en cuestión use su propia versión personalizada del sistema FICO, que arroja puntuaciones más bajas que las del buró. ¿Cuál es la mejor autodefensa? Siempre revise primero sus propios puntajes de crédito antes de solicitar un préstamo y llene una solicitud pre aprobada de financiamiento con un acreedor antes de empezar a buscar un auto. Debe estar preparado para enfrentar el hecho de que hay individuos poco éticos que hacen mal uso de la información crediticia así que cuídese.

La verdad acerca de los puntajes FICO

A continuación aparece la transcripción de una entrevista del programa de radio con Gerri Detweiler. En ella, Tom Quinn, un experto en puntajes de crédito, disipa algunos de los mitos más comunes de los puntajes FICO. Trabajó en esta compañía durante quince años y su responsabilidad inicial era la creación y entrega de puntajes de crédito, así como las iniciativas educativas de temas relacionados con el crédito, en ese momento, el público apenas empezaba a conocer los puntajes de crédito. Más tarde desarrolló, lanzó e hizo crecer MyFICO.com, la iniciativa de la compañía para proveer a los consumidores con un acceso directo a sus puntuaciones FICO. Es una autoridad reconocida en el funcionamiento interno de los modelos de puntajes de crédito.

Gerri: Tom juguemos a algo. Quiero que me respondas "verdad o ficción", hablando de puntajes de crédito. Vemos tanta información en muchas ocasiones incorrecta, incompleta o confusa. Así que yo voy a decir algunas afirmaciones que he escuchado y luego tú me dirás si es verdad o ficción. ¿Estás listo?

Tom: *Claro, me parece divertido.*

Gerri: Bien. Esta es la primera, ¿verdad o ficción? Cada vez que una persona solicita un crédito, le cuesta 5 puntos de su puntaje crediticio. ¿Cierto o falso?

Tom: *Eso es falso.*

Gerri: Entonces, ¿cuál es la verdad?

Tom: *Básicamente, cuando un acreedor revisa su reporte de crédito, o si usted solicita una línea de crédito, este lo solicita para entender el riesgo crediticio y entonces se origina una consulta. Hay varios tipos de consulta. Por ejemplo, si llega a su casa y encuentra en su correo un crédito pre aprobado, el acreedor probablemente ya revisó su reporte de crédito para hacer la oferta, y hay cierto código asociado con eso que se puede identificar como una consulta promocional. O, si recibe un mensaje en el estado de cuenta de su tarjeta de crédito que dice, "debido a su excelente cumplimiento, estamos incrementando su línea de crédito", también es probable que primero hayan revisado su reporte de crédito y así se originó otra consulta. Si va a la página de internet myFICO.com por ejemplo, y saca su reporte de crédito, de igual forma se origina una consulta.*

La buena noticia es que todas estás consultas están etiquetadas o identificadas de manera que el sistema aísle las consultas relacionadas con la búsqueda de una línea de crédito, que es diferente, a una solicitud real. Cuando solicita un crédito, lo que la investigación muestra, es que la gente que solicita un crédito es más riesgosa que las personas que no lo hacen.

La buena noticia es que las consultas no cuestan un montón de puntos en el gran esquema. Lo que de verdad cuenta en su puntaje, es cómo pague sus cuentas y cómo maneje su deuda, y las consultas sólo añadirán un poco de valor para predecir lo que puede resultar en una pérdida de un par de puntos aquí o allá. Pero en la lógica de cómo funcionan las consultas, hay dos cosas: las consultas que aparecen en su reporte de crédito son las de los últimos dos años, pero ese modelo está sólo buscando las consultas de los últimos once meses. Así que aquellas que tengan un poco más de 12 meses, por ejemplo, no se toman en cuenta.

Y hay una limitación lógica. Básicamente, la forma en que el modelo trabaja es la siguiente, una vez que ha alcanzado el número máximo de consultas de ese puntaje en particular, ya sea que se pase por una o 15, no cuentan contra su puntaje. Así que en realidad Gerri, las consultas llaman mucho la atención del consumidor pero no cuestan tantos puntos como creen. Los consumidores deben enfocarse en pagar las cuentas a tiempo y en manejar de manera adecuada su nivel de deuda, eso es lo que cuenta.

Gerri: Muy bien, déjame hacerte otra pregunta en relación a eso, ¿importa si te aprobaron o no esa tarjeta de crédito? Solo por el hecho de haberte rechazado, ¿se daña tu historial crediticio?

Tom: *Bueno, el acreedor no reporta a la agencia de crédito si aprobaste o no. El hecho de que haya decidido negar la línea de crédito no se reporta, así que no tiene un impacto en el puntaje.*

Gerri: Bien. No importa si aprueban o no. Es solo la consulta la que podría afectar el puntaje de crédito dependiendo del tipo de consulta de que se trate.

Tom: *Así es.*

Gerri: Vamos a otra pregunta. ¿Verdad o ficción? Una declaración en bancarrota va a perjudicar tu puntaje para siempre, lo escucho todo el tiempo de personas que están pensando declararse en bancarrota, pero temen lo que podría ocurrir con su crédito. ¿Permanece ahí para siempre?

Tom: *Eso es falso. Por ley hay reglas y lineamientos que los acreedores y las agencias de reporte de crédito deben seguir sobre cuanto tiempo permanece la información en el reporte de crédito, en especial aquella de comportamiento pasado, morosidad, montos dados de baja y bancarrotas. Y la mayoría de la información debe ser eliminada del reporte, la información negativa, después de siete años. La ley es muy diligente en la vigilancia de esta política.*

En el caso de la bancarrota, algunas desaparecen después de siete años y otras después de diez, así que sí existe una pequeña variación. La razón porque la bancarrota perjudica tanto el puntaje de crédito y resulta en una gran pérdida de puntos, es porque son extremadamente predictivas. Si está construyendo un modelo y ve perfiles que aparecen con bancarrota en sus reportes de crédito, la probabilidad de que sean morosos en el futuro es muy alta. Y es por eso que la bancarrota, causa una pérdida significativa de puntos. Pero no es para siempre, esa es la buena noticia.

La puntuación es indulgente y conforme pasa el tiempo la bancarrota desaparecerá del perfil, tendrá menos impacto sobre la puntuación conforme nueva información muestre que está haciendo pagos a tiempo. Y entonces, después de diez años, la bancarrota será borrada del reporte de crédito y será como si nunca hubiera existido. Digamos, que se declaró en bancarrota hace once años, desaparecerá de su reporte y ya no tendrá ningún impacto.

Gerri: ¿Cierto o falso? Una venta corta tiene menos impacto en la puntuación de crédito que una ejecución de embargo.

Tom: *Gerri, esta pregunta es muy común, hay mucha desinformación al respecto. Pero la percepción de que una venta corta tenga menos impacto que un embargo es falsa. De hecho, recientemente FICO publicó algunos estudios para que el consumidor tenga un mejor entendimiento del impacto potencial de una venta corta o embargo. Y básicamente la investigación mostró que la cantidad de puntos perdidos por una venta corta o por un embargo es casi la misma.*

Gerri: Bueno, eso lo aclara. Sin embargo, en estos casos los puntajes no son la principal consideración. Hay otras decisiones financieras que se deben tomar y que son muy serias en cualquiera de los casos, pero no se trata de una cosa contra la otra en términos de la preservación de puntos.

Tom: *Absolutamente. Quien deba tomar una decisión entre una venta corta o la ejecución de un embargo, necesita considerar muchos factores en su proceso de decisión. Si bien el puntaje de crédito es uno de ellos, no es el único. En términos del impacto sobre la puntuación crediticia es más o menos lo mismo, pero la información por lo menos ayuda a comprender el impacto de la decisión.*

Gerri: A continuación viene algo que he escuchado por años, ¿cierto o falso? Ir con una asesoría de crédito va a dañar mi puntaje.

Tom: *En general la respuesta es: falso. No perjudica los puntajes, pero podría impactarlos dependiendo de las acciones que tome como resultado. Permíteme dar un poco más de antecedentes para que la respuesta no parezca ambigua.*

Cuando se entabla una relación con una agencia de asesoría, el acreedor, si es que está en contacto con él, puede hacer un reporte del adeudo al buró. Existe un código que pueden usar, el cual quiere decir que está con una agencia de asesoría de crédito para esa línea de crédito en particular.

El hecho de que esté con una de estas agencias no impacta los puntajes. No es que aparezca un código particular y fuera negativo. Sin embargo, si la agencia logra un acuerdo con el acreedor, por ejemplo, la liquidación de la deuda, eso es diferente.

Digamos, que debe $10,000 a una tarjeta de crédito, pero a través de la agencia de asesoría el acreedor aceptó $5,000 para saldar la deuda. Entonces este último va a reportar que se llegó a un acuerdo de pago parcial, o que el adeudo no fue pagado en su totalidad, porque no se cubrió el adeudo total de $10,000. Y esa actividad sobre el pago, ese indicador de acuerdo, será considerado negativo en el puntaje.

Es por eso que me parece una pregunta complicada, porque el hecho de ir a una agencia de asesoría, por sí mismo, no perjudica el puntaje, pero puede que la actividad resultante de los acuerdos, dependiendo de lo que se trate, sí impacte el puntaje, según los acuerdos que se alcancen con el acreedor o acreedores.

Gerri: Bien, otra cosa que me parece importante recordar, es que mucha gente que acude a la asesoría, tiene una gran deuda de tarjeta de crédito, muy probablemente tengan algunas tarjetas al tope, y solo este hecho, ya perjudica sus puntajes. Así que reducir o pagar la deuda de tarjeta de crédito puede tener un efecto positivo importante. ¿Correcto? en términos de disminuir los balances de esas tarjetas

Tom: *Así es, si su perfil es de un consumidor con mucha deuda revolvente, eso ya perjudica el puntaje de crédito. Digamos que llega a un acuerdo con la compañía de tarjetas de crédito para pagar todo el adeudo. Una vez que pagó, obviamente, sus puntos se van a incrementar en aquellas características del modelo que se centran en los balances de las tarjetas de crédito.*

Pero si no presenta morosidad en su reporte y ahora de pronto aparecen estos códigos que dicen que los acreedores acordaron pagos parciales, quizá pierda puntos extra por esa información negativa que golpea el expediente por primera vez. Así que es difícil dar una respuesta general porque depende de cada caso específico.

Gerri: Muy bien, y añadiré algo más. Si entra a un programa de administración de deuda con una agencia, por lo general, con el tiempo, paga su saldo completo y algunos intereses dependiendo de la negociación. Los acuerdos llegan por lo general, cuando negocia la deuda y no sólo cuando entra a un plan de pagos con alguna agencia. Así que hay una distinción.

Mi consejo para los consumidores: si el objetivo es deshacerse de sus deudas, arregle ese asunto cuanto antes y después concéntrase en su puntaje crediticio. Si necesita ayuda, consígala.

Tom: *Completamente de acuerdo.*

Gerri: Tom, cuando hablaste de la bancarrota, tocaste un tema que no creo que mucha gente conozca. Sé que esto es un poco técnico, pero me parece que es importante que la gente entienda el tema de las diferentes puntuaciones. Por ejemplo si yo, mi vecino y mi amigo, todos vamos a solicitar una línea de crédito al mismo banco, esto nos va a impactar de manera diferente, porque los sistemas FICO asignan diferentes puntuaciones a diferentes personas. ¿Podrías darnos una visión general de lo que esto significa?

Tom: *Seguro. En FICO solíamos bromear acerca de que el puntaje FICO, era más, una ecuación, que un puntaje y es cierto. Probablemente existe la percepción de que hay sólo una tarjeta de puntaje en donde todos son calificados. Pero el modelo trabaja* *tratando de segmentar a la población en grupos importantes o grupos de consumidores con base en su información de crédito, para así optimizar las predicciones de riesgo de los diferentes grupos.*

Un ejemplo, si tienes una familia típica, donde están los abuelos y después digamos, una pareja de treinta y tantos años con hijos y después alguien que apenas empieza, un recién egresado de la universidad. Pues sus necesidades y comportamientos respecto al crédito van a ser diferentes. Los abuelos tienen probablemente menos necesidad de crédito o menos actividad porque están en esa etapa de la vida donde su casa ya está pagada y no están financiando la educación de sus hijos.

Y después tienes una pareja muy joven con niños, donde hay muchas necesidades, compras, actividades, una casa, un auto, teléfonos celulares, todo el paquete y por lo general utilizan su crédito mucho más.

Al final del espectro, tenemos a alguien recién graduado de la universidad, que no tiene mucho crédito establecido todavía, pero lo necesita. Así que de hecho, la manera en que el sistema trabaja es con una tarjeta de puntuaciones y un perfil, cuando se hace una solicitud de crédito, se origina una de estas tarjetas en base a si el modelo ve cualquier experiencia previa o morosidad.

Así, se califica en lo que ellos llaman "tarjetas de puntuación" que funciona específicamente para la población de consumidores con experiencia, y que han dejado de hacer un pago en el pasado. Si no tiene retrasos en su reporte de crédito, caerá en una de las muchas tarjetas de puntuación, dependiendo del tiempo que haya tenido el crédito, la actividad de búsqueda, etcétera. Esto permite que el modelo pueda ser más predictivo, que califique de manera más justa y lo clasifique donde pertenece porque en esencia otorga un puntaje individual en oposición a la población entera y esto crea un modelo más robusto y más predictivo, que los acreedores valoran conforme toman decisiones de crédito.

Muy bien, ahora vayamos de puntajes de crédito a arreglar aquellos que lo necesitan...*To give you an example, if you have a typical family where you have the grandparents and then you have let's say a couple in their 30's who have children, and then you have someone just starting out, just getting out of college. Well, their credit needs and their behaviors are probably going to be very different so the older couple. The grandparents have probably have less need for credit or less active on their credit because they're in that part of their life where the house is paid off and they're not funding education, funding all these needs of the children so they have less credit, in general.*

And then you can have a younger couple with children where there are a lot of needs, purchases and activities and etc., buying a house, car, cell phones, the whole nine yards so they're usually more credit active and using credit more fully.

And then on the other end of the spectrum, we have someone just coming out of college where they don't have a lot of established credit yet but they need the credit so they're out there seeking credit. So the way they model works is there's actually a system of scorecards and your profile when you're requesting credit will get sent to one of those scorecards based on whether the model sees any previous experience or delinquency.

So you'll be scored on what they call "scorecards" that will help specifically for consumer populations that have experience, and missed payment behavior in the past. And if you have no missed payments on your credit report, you may get sent to one of the other several scorecards based on how long you've had credit, missing credit, seeking activity (or debt) for credit, etc. What this allows is the model to do is to be more predictive and score you more fairly where you belong because it's scoring you in essence along with your cohorts against the entire population, and then that allows for a more robust model and a more predictive model which lenders value as they're making credit decisions.

All right, let's go from credit scores to fixing the ones in need of repair...

Capítulo quince

Reparación del crédito

Si usted es como la mayoría de las personas, es muy probable que encuentre errores o problemas en su reporte de crédito. Si tiene un par de errores, puede ser relativamente fácil aclararlos, pero si el problema es más complicado y no tiene pruebas que lo demuestren, puede llevarle más tiempo. Algunos consumidores encuentran que es más difícil lidiar con las agencias de crédito que con el IRS.

En la enfermedad y en la muerte

Carmen y Sean tenían un excelente crédito o así era, hasta que sus vidas se trastornaron.

Sean trabajaba como supervisor en una sucursal de autopartes. Carmen era ama de casa y mamá de tres niños maravillosos, crecieron, fueron a la universidad y ahora son adultos. Los hijos ya se han ido y ahora ellos disfrutan de su tiempo juntos. Un día Carmen sintió un bulto en uno de sus senos, se sorprendió un poco pero no hizo nada al respecto, pensó que quizá era su imaginación. Tres semanas después supo que no era su imaginación, el doctor le confirmó que era cáncer de seno y que necesitaba una mastectomía lo antes posible. De inmediato pidieron una segunda opinión en una clínica de medicina alternativa, pero igual de rápido decidieron ir por la opción de la medicina tradicional. Antes de que la pareja supiera qué los había golpeado, estaban lidiando con cirugía, terapia de radiación, visitas de seguimiento y una enorme cuenta de gastos médicos.

En ese momento Sean se enteró que en su trabajo ya no otorgaban cobertura de seguro de gastos médicos a los dependientes. Estaba en shock, ¿por qué nadie le había notificado?

La asistente de recursos humanos de la oficina central de la compañía le dijo que sí se le habían informado. Los empleados tuvieron la opción de pagar el costo de cobertura de sus dependientes con descuentos mensuales a sus salarios. Muchos empleados habían decidido contratar sus propios seguros para esposas e hijos. Como más del 40% de empleados decidieron en contra de los descuentos, no les pareció inusual que Sean no les hubiera contestado.

Sean estaba deshecho, debía $40,000 en cuentas médicas que él creía estaban cubiertas. No sabía que hacer.

El encargado de cobranza del hospital lo llamaba constantemente. Carmen necesitaba otros diez mil dólares en tratamiento para combatir el cáncer y que entrara en remisión. El hospital necesitaba que él pagara los $50,000 dólares ya, o no podrían continuar con los tratamientos que salvarían la vida de su esposa. Sean se sintió muy presionado, la gente del departamento de cobranza del hospital era muy agresiva y se lo contó a ciertos amigos y, aunque ellos estuvieron de acuerdo, no pudieron ofrecerle ninguna solución. Sean estaba desesperado, sabía que no podía decirle a Carmen porque ella, si bien se estaba recuperando, todavía era frágil. Las malas noticias podrían bloquear su progreso.

Sean hizo lo que tenía que hacer. Empezó a juntar tanto dinero como fue posible, liquidó su escasa cuenta de retiro individual y después de pagar multas por retiro anticipado obtuvo $4,000. Sacó una línea de crédito por el valor de su casa y logró otros $20,000.

Todavía necesitaba $26,000. El representante de cobranza del hospital no se sentía complacido con solo la mitad del dinero. Sean preguntó si habría más cargos, la gente de cobranza del hospital le dijo que era poco probable, entonces preguntó si aceptaban pagos mensuales, pero los pagos que ofrecían eran muy altos y cuando Sean se opuso, el representante se rió y dijo que no eran un banco. Pero sugirió, sin embargo, que usara la tarjeta de crédito que otra gente en su situación había usado, era una tarjeta con una tasa de interés muy alta, pero le proveería de $20,000 de crédito de inmediato.

Sean tomo el nombre y el número de la compañía de tarjetas de crédito y ya que le estaba dando consejos, le preguntó qué podría hacer respecto a los $6,000 restante. Le sugirieron que dejara de pagar sus cuentas regulares por un tiempo, pues una emergencia médica siempre era una buena excusa.

Sean sabía que tenía que juntar el dinero de algún modo. La vida de Carmen dependía de ello.

Obtuvo la tarjeta de crédito que recomendó el hospital y con ella los $20,000. Para pagar los $6,000 restantes tendría que usar todos sus ahorros y después dejar de pagar algunas cuentas para saldar la cuenta del hospital. Dos meses más tarde, finalmente, el hospital estaba satisfecho.

Pero los otros acreedores no lo estaban.

La compañía hipotecaria, la arrendadora de auto, y todos sus otros acreedores demandaban sus pagos completos. Sean les explicó su predicamento y cómo el hospital le demandó hacer el pago para terminar el tratamiento y cómo también le dijeron que los demás acreedores entenderían.

Los otros acreedores no entendían y estaban enojados. Los gastos médicos de emergencia no eran una excusa para dejar de pagar las cuentas, le pidieron que pagara de inmediato.

Sean no tenía a quien acudir. Las tasas de interés de la tarjeta de crédito y el préstamo que había sacado sobre su casa le estaban causando muchos problemas. No podía pagar por completo ninguno de los dos, y mucho menos hacer sus pagos mensuales. Había pagado el hospital para salvar la vida de Carmen y ahora estaba perdiendo la batalla para asegurar su futuro financiero. Incapaz de pagar a sus acreedores, sus puntajes de crédito se desplomaron. El reporte mostraba numerosos retrasos, cuentas cerradas sin pagar y otras cuentas que habían sido enviadas a agencias de cobranza.

Su único consuelo era que Carmen se estaba recuperando, el precio había sido alto, pero valió la pena.

Cuando la condición de Carmen mejoró, Sean le explicó la situación. Ella desde luego entendió, y así como con su estado de salud, también se comprometió a recuperarse financieramente.

Empezaron a vivir de manera frugal, pero ese estilo de vida no compensaba las enormes deudas que tenían. Su casa, agobiada por la hipoteca y el préstamo con garantía hipotecaria, estaba en el proceso de embargo. Sean sabía de una estrategia donde un inversionista y/o arrendatario podría hacerse cargo de los pagos de su casa cuando la casa se vendiera. La ventaja era que con está estrategia en su reporte de crédito no aparecería el embargo. La desventaja para el socio potencial era que con la hipoteca y la línea de crédito con garantía hipotecaria la casa ya no tenía mucho valor.

Pero Sean estaba decidido a solucionar su situación y era persistente. Encontró a una familia que había tenido problemas financieros varios años atrás. No podría obtener un préstamo para casa habitación por algunos años más, pero sí podían pagar la hipoteca y los pagos de la línea de crédito. Sean hizo un trato en el que ellos, se mudarían a la casa y se harían cargo de los pagos.

Sean y Carmen accedieron a quedarse con las escrituras hasta que la otra pareja pudiera solicitar un préstamo. En ese punto Sean y Carmen, cedieron su casa para cubrir los pagos y permitieron que la nueva pareja tomara ventaja del beneficio del valor que la propiedad pudiera tener.

Sean y Carmen se mudaron a un lugar mucho más pequeño, un departamento de una sola recámara, que es lo que podían pagar. No era a lo que estaban acostumbrados pero los chicos ya no estaban, y los deberes de la casa eran pocos. Aún así, se prometieron que sería una situación temporal. Pronto estarían de vuelta en su casa.

Habían perdido su Buick LaCrosse. Y ese hecho, era un elemento, negativo en su reporte de crédito. De entre doce reportes negativos, destacaba la reposesión del auto. A Sean le gustaban los autos y encontró uno usado, en buenas condiciones y a buen precio para ir de un sitio a otro. Ese no era el problema, el problema era que si no eliminaba el reporte de reposesión en su historial nunca volvería a obtener el préstamo para una casa.

Sean decidió ir directo al origen. Llamó al departamento de crédito de la compañía arrendadora y comenzó a negociar con calma. Preguntó qué cantidad habían recibido en la subasta del carro, la cantidad por conceptos de abogados y reposesión. (¿Cómo era posible que alguien que trabaja en reposesiones, en el turno de medianoche, cobrara $175 por hora? Si esa era la tarifa, ¿estaban contratando?)

De manera calmada y razonada trabajó junto con el representante de crédito día tras día. Nunca se enojo, ni fue agresivo, sino justo lo opuesto. Desarrolló una relación con el representante, quien empezó a disfrutar la conversación con esa voz amable del otro lado de la línea.

En total se supone que debía $10,000 a la compañía de arrendamiento de autos. Sean estaba dispuesto a pagar el 20 % de eso, si quitaban la información negativa de su reporte de crédito. El representante le dijo que no podían aceptar 20 centavos por dólar. No se desanimó y siguió hablando. Explicó la situación de su esposa y el hospital, no como una excusa o en busca de compasión, sino sólo conversando. El representante no podía creerlo. Que el hospital detuviera su servicio hasta que el pago fuera hecho, y que además le dijeran que las emergencias médicas eran una excusa legítima para dejar de pagar sus otras cuentas era ofensivo. Le dijo que lo volvería a llamar.

Un rato después le ofrecieron liquidar su deuda por 30 centavos de dólar, aceptó aliviado de que un registro negativo fuera eliminado de su reporte.

Ahora solo quedaban once reportes negativos en su historial. Sabía que si podía deshacerse de por lo menos la mitad de la información negativa en su reporte tendría la esperanza de calificar otra vez para el préstamo de una casa. Así que se propuso hacerlo.

El siguiente reporte negativo en su lista era el de una tienda departamental por un pago que no había hecho de $189, pero con la agitación de juntar los $50,000 para el hospital, había dejado de hacer el pago y ahora estaba en su reporte. Con intereses y penalizaciones el monto había aumentado a $375. Sean habló con el representante de la tarjeta de crédito, le explicó su situación y preguntó qué podía hacer al respecto. Sean logró convencer al representante de que el pago se redujera a $189, si por escrito prometían eliminar esa información negativa de su reporte. Sean sabía que muchos acreedores dicen que van a quitar la información, pero nunca lo hacen, aprendió que era útil tener la promesa por escrito para poder después obligarlos a cumplir su compromiso.

El siguiente punto era una tarjeta de crédito de una compañía de combustible. Se había retrasado con $215 y la cuenta fue enviada a una agencia de cobranza. Llamó a la agencia y habló con un representante para discutir el asunto, el adeudo más todos los cargos era $289. El representante fue grosero, agresivo y sarcástico. Sean se rió y le dijo que sonaba como todo un cliché. El representante fue aún más desagradable pero Sean se dio cuenta de que así sería, sin importar lo que dijera. El representante trabajaba por comisión y haría lo necesario para cobrar.

Sean solicitó llegar a un acuerdo. El representante demando el pago completo. Sean solicitó el 30% de descuento y la promesa escrita de eliminar el reporte negativo de su historial. El representante se rió y le dijo que ellos no otorgaban dichas promesas por escrito hasta que la cuenta estaba pagada, Sean le dijo que eso era inaceptable y pidió hablar con su supervisor, entonces el representante le gritó una obscenidad y le colgó el teléfono.

Sean de inmediato llamó a la compañía de combustible para reportar la conversación, el representante de la compañía le dijo que una vez que la cuenta se enviaba a la agencia de cobranza, está estaba fuera de su control, pero Sean sabía que esto no era cierto y pidió hablar con su supervisor. Le explicó que estaba tratando de pagar su deuda pero que no tenía caso a menos que quitara la información en su historial de crédito, le explicó además que el representante de la agencia de cobranza había usado obscenidades y que con ello estaba violando la Ley Federal.

Sean se mantuvo calmado y fue razonable, el supervisor retiró la cuenta de la agencia de cobranza, la misma que el supervisor admitió, era un problema. La compañía de combustible prometió retirar toda la información negativa si hacia el pago del 70 % de su adeudo. Sean pagó y borró otra de sus cuentas.

De los nueve saldos restantes había cuatro, de los que Sean no estaba al tanto. Durante el tiempo que estuvo reuniendo el dinero para el tratamiento de Carmen todo se volvió un poco confuso, pero estaba seguro que podía recordar todos los pagos atrasados. Pero estos cuatro acreedores: una tienda de electrónicos, una clínica médica, una editorial médica y una compañía de arrendamientos de equipo, eran un misterio. Sean y Carmen habían visto algunos tratamientos médicos alternativos pero no se habían comprometido a nada. O eso es lo que ellos creían.

Sean envió una carta a Experian, TransUnion y Equifax (muy parecida a la que se encuentra a la sección de Recursos) para hacer un reclamo por esos cuatro adeudos que, pensaba, no pertenecía a su reporte de crédito. Sabía que los servicios de reporte de crédito y los acreedores en cuestión, tenían 30 días para responder o el reporte negativo debía ser eliminado de su historial.

Resultó, que sólo la tienda de electrónicos respondió. Después de confirmar la información como correcta, Sean contactó al acreedor directamente y le recordaron que había abierto una cuenta de crédito para comprar un reproductor de cd's portátil para Carmen, pero no recordaba haber recibido ninguna factura y lo olvidó. Se hizo cargo del pago y cerró la cuenta. Debido a la confusión y las circunstancias de Sean, la compañía accedió a remover la información negativa de su historial.

Los acreedores relacionados con servicios médicos, nunca respondieron a las agencias de reporte de crédito que solicitaban información. La clínica de medicina alternativa los había presionado para comprometerse a una serie de caros y dudosos tratamientos, pero ellos los rechazaron, no se comprometieron a nada. Como esos tres acreedores no respondieron a la solicitud de información después de 30 días, los tres reportes negativos (y posiblemente fraudulentos) quedaron eliminados.

Sean ahora sólo tenía cinco reportes negativos en su historial. Dos de ellos eran de tarjetas de crédito en las cuales se había retrasado, pero ahora estaba al corriente. El nuevo arrendador (y futuro propietario) de su casa estaba haciendo pagos regulares de hipoteca, mientras que él también hacía los pagos de la línea de crédito de su casa de forma regular. Los reportes de retraso se volverían menos importantes, conforme demostraba un patrón consistente de pagos a tiempo.

Los tres reportes negativos restantes no tenían remedio, uno era del hospital, $7,000 por resonancias magnéticas; otro, de $5,000, del radiólogo que interpretó las resonancias magnéticas; el tercero por análisis de laboratorio que Carmen se había practicado en sus visitas subsecuentes al hospital. Sean prometió que nunca pagaría esos $15,000. Se enteró que el hospital no debía haberlo presionado de la manera en que lo hizo, sino que debieron haberle informado su derecho de ir a otro hospital, en lugar de demandar cada centavo que tenía.

En el caso de estos tres reportes negativos Sean decidió hacer una declaración de consumidor. Bajo la Ley Federal de Reporte de Crédito Equitativo (FCRA), cada persona tiene el derecho de agregar una declaración de hasta 100 palabras a su reporte de crédito. Se puede usar para aclarar o explicar cualquier asunto, y aparece en todos los reportes subsecuentes cada vez que un acreedor lo solicite. Sean escribió la siguiente declaración: "Nuestra familia en el 2012, pasó por gasto médicos enormes e inesperados y sin tener cobertura médica. Antes de eso, siempre habíamos pagado a nuestros acreedores a tiempo. Desde ese momento nos hemos recuperado y ahora pagamos todos nuestros balances en tiempo y forma". Él sabía que estas declaraciones no ayudaban a sus puntajes de crédito, sabía que si un acreedor revisaba su reporte de crédito, vería su declaración y esperaba que fuera de utilidad en caso de que necesitara buscar un nuevo trabajo o una hipoteca.

El buen trabajo de Sean limpiando su reporte de crédito y aclarando su situación, rindió sus frutos. Dos años después calificó para obtener un préstamo de casa habitación. Él y Carmen compraron una casa de dos recamaras en un vecindario agradable donde vivían muchas parejas de su edad. Disfrutaron de su nueva casa y valoraron todo lo que tenían en su nueva vida.

Como presentar una disputa del reporte de consumidor

Imagine el departamento de servicio al cliente de una compañía importante de reporte de crédito. Es grande y hay mucho trabajo (y podría tener su base en India y no en los Estados Unidos), recibe miles de llamadas y cartas cada semana. Algunas son disputas legítimas y algunas, también, se generan en agencias que se dedican a enmendar los daños en historial crediticio, pero a veces es difícil saber cual es cual. Algunas de las cartas de los consumidores son claras y fáciles de entender, mientras que otras, son indescifrables y de varias páginas de largo.

Cada queja es administrada por un representante de servicio al cliente con un objetivo: hacer que el trabajo fluya. Él o ella va a registrar la disputa en la computadora con un código de por qué el consumidor presenta la disputa. Al apretar un botón esta información se irá a los acreedores para ser verificada. Todo el proceso para registrar una disputa toma alrededor de un minuto y, a partir de ese momento, es principalmente la computadora la que la maneja.

¿Esto qué quiere decir? Primero que nada, significa que no debe esperar que alguien lea su carta de cinco páginas explicando por qué cree que deben cambiar la situación de su historial. Significa también que debe asegurarse que su queja trabaje a su favor y no en su contra. ¿Cómo hacer esto?

Como hemos visto, la ley que gobierna a los burós de crédito, se llama Ley Federal de Reporte de Crédito Justo (FCRA) y le da el derecho de presentar una queja, si la información de su reporte de crédito no es correcta o está incompleta, y debe recibirla un acreedor o buró de crédito para investigar.

Si quiere pedir al buró de crédito que investigue algo que parece ser incorrecto en su reporte de crédito, tiene la opción de escribir o llamar.

Llamar, puede ser más rápido, si contesta alguien que pueda ayudar. Si llama, debe tomar notas acerca de lo que se habló, cuándo y con quién. Y antes de llamar, asegúrese de poder resumir la queja de manera clara en una o dos oraciones, de la misma manera que haría si escribiera al buró. Ejemplos:

Yo nunca abrí esta cuenta.

Esta cuenta no tiene el retraso que aparece en el reporte.

Esta cuenta fue desestimada en mi declaración de bancarrota y debería aparecer con balance cero.

La correspondencia escrita toma un poco más de tiempo, pero deja un rastro en papel, que es la mejor manera de proteger sus derechos. (Guarda copias.) Además también evitará caer en conversaciones donde. lo que diga pudiera ser mal interpretado. Muchos expertos en reparaciones de crédito aconsejan que escriba en lugar de llamar, pero para uno o dos errores menores, quizá sea mejor sólo llamar.

Gerri Detweiler aconseja que escriba la carta a mano, SI su letra es clara y legible. (Las disputas escritas en computadora pueden parecer redactadas por una compañía de reparación de crédito, que las agencias de reporte de crédito no ven con simpatía.) Ponga fecha a todo, incluya su nombre, dirección, número de seguridad social y número de reporte de crédito, si tiene uno.

Sea práctico, diga exactamente lo que está mal, y la información que debería aparecer. Cerciórese que la información en la carta se destaque. (Vea nuestras carta de muestra como ejemplos.) No hay necesidad de usar jerga legal o citar secciones específicas de la ley porque, después de todo, las agencias de reporte de crédito están muy familiarizadas con esto.

Si tiene pruebas, inclúyalas. Nunca envíe originales, solo copias, y solo envíe documentos relevantes, créame, nadie quiere leer una pila de papeles.

Envíe sus cartas por correo certificado, con acuse de recibo y siempre guarde una copia en su archivo. Espere la respuesta dentro de los siguientes 30 días.

No se moleste en presentar una queja a cualquiera de los burós de crédito, si no ha ordenado recientemente una copia de su reporte de crédito. Por ejemplo, si tiene el reporte de TransUnion y se encuentras algunos errores, necesita obtener los reportes de Equifax y Experian antes de presentar una disputa a cualquiera de ellas. Quizá no tengan la misma información, y va a necesitar la información de contacto correcta para estar seguro de que su queja sea atendida con prontitud.

Quiero enfatizar lo importante que es llevar un registro de todos los acuerdos con el buró de crédito. Haga un archivo y anote cada llamada, guarde una copia de toda la correspondencia que envíe y reciba.

La agencia de reporte de crédito normalmente tiene 30 días para averiguar su reclamo. Si provees información que respalde su queja, ellos deben compartirla con el acreedor (la corte o la agencia de cobranza) que reportó la información a su historial de crédito.

El acreedor debe revisar la información y reportar a la agencia de crédito, sea que notifique que la información es correcta tal cual fue reportada, sea que haga la corrección correspondiente. Si el acreedor determina que la información es incorrecta, debe enviar la corrección a todos los burós a quienes haya enviado la información errónea.

Si la información en cuestión es incompleta, la agencia de reporte de crédito debe actualizarla. Por ejemplo, si en su reporte aparece un cargo retrasado pero no muestra que ya lo pagó, esa información debe ser corregida a solicitud.

Cuando la agencia de reporte de crédito ha completado la investigación, debe enviar una respuesta escrita (sea que la información sea confirmada como correcta, sea que se haya hecho algún cambio) y debe enviarle una copia gratuita de su reporte de crédito reflejando los cambios. Si no se realizó ningún cambio, no le enviarán el reporte.

Importante: si se hace una corrección, la agencia de reporte de crédito no se supone que reporte la información eliminada otra vez, a menos que verifique primero que la información es precisa y completa, y la agencia de reporte de crédito le notifique por escrito, antes de reinsertar esa información por segunda vez. Debe incluir su nombre, dirección y el número telefónico del acreedor. Además, puede solicitar que la agencia de crédito, envíe el reporte corregido a cualquiera que, por propósitos de empleo, haya recibido su reporte en los últimos dos años, o en los últimos seis meses si fue por cualquier otro motivo. Si ya tiene problemas para conseguir crédito, un seguro o empleo por errores en su reporte de crédito, quizá no ayude mucho, pero tampoco lo empeorará.

Para finalizar, sea amable. Piense cómo sería trabajar en un buró de crédito y tener que manejar las llamadas y cartas de clientes molestos todos los días. Si llama por teléfono y no llega a ningún lado con la persona con quien habla, pida hablar con el supervisor. Cuando escriba su carta, sea firme, pero también amable.

¡No se rinda!

Pida respuestas

Si solicita su reporte de crédito y aparece algo que no entiende, tiene el derecho a contactar a la agencia de reporte de crédito y preguntar. Las agencias más importantes están obligadas a proveer un número gratuito para llamar, donde el personal de servicio al cliente esté disponible para responder las preguntas de los consumidores, en horario de oficina. Pero no siempre funciona como debería.

De hecho, las agencias más importantes de reporte de crédito han tenido que pagar multas por más de 2.5 millones como parte de los acuerdos negociados por la Comisión Federal de Comercio (Federal Trade Comisson - FTC), todo por no tener un número gratuito, ni personal disponible para atender a los consumidores.

De acuerdo a la FTC, las quejas contra Equifax, TransUnion y Experian, fueron por bloquear millones de llamadas de consumidores que querían disputar el contenido y posibles errores de sus reportes de crédito, y algunos de esos clientes se quedaron en espera por periodos de tiempo inusualmente largos. Si tiene algún problema para hablar con alguien sobre su reporte de crédito, es buena idea presentar una queja en la FTC en el sitio ftc.gov. También puede presentar una queda a la Oficina de Protección al Usuario de Servicios Financieros (Consumer Financial Protection Bureau), quienes se harán responsables de hacer cumplir esencialmente lo relacionado a la Ley de Prácticas de Cobranza Equitativa (Fair Debt Collection Practices Act). Visite: ConsumerFinance.gov.

¿Agencia de reporte de crédito o acreedor?

La mayoría de la gente asume que si hay algo mal con su reporte de crédito debe notificar a la agencia para que haga la corrección. Pero no es necesariamente correcto.

Cuando la Ley de Reporte de Crédito Equitativo (FCRA) se redactó en los años 70, no se hacía mención de los acreedores que reportan información a los burós de crédito. Así que tratar de que corrigieran un error era como hablarle a la pared.

Pero en 2003, el Congreso hizo una enmienda a la Ley que incluye requerimientos más detallados para las compañías que reportan información. Otorga al consumidor el derecho de presentar quejas directamente con los acreedores que reportaron la información.

Así es como funciona:

Tiene derecho a presentar una queja directamente con el acreedor y este debe reportar a la agencia de reporte de crédito que cierta información está bajo disputa.

Haga la queja por escrito e incluya cualquier documentación que respalde su versión de la historia. (Si consigue por teléfono que alguien le ayude, está bien, pero a veces todo lo que tiene es una dirección de apartado postal.) El acreedor tiene entonces 30 días para responder con los resultados de su investigación.

Si el acreedor determina que su disputa es frívola o irrelevante, o si es substancialmente la misma que ya presentó ante el buró de crédito, no tiene que investigar, Tampoco tiene que investigar, si la disputa la generó una agencia de reparación de crédito. Sin embargo, sí tiene que informar la razón de por qué no procede la investigación, y no puede elegir no responder.

Hay varias ventajas de presentar una disputa directamente con el acreedor:

1. Probablemente no tiene tantas quejas como las agencias de reporte de crédito, y podría tener información en sus archivos que respalde su afirmación de que se trata de un error.

2. Si hace la corrección tiene que notificar a todos los burós que tengan el mismo error.

3. Se supone que debe ser cuidadoso de no reportar la misma información de nueva cuenta.

Al mismo tiempo, pudiera ser que el acreedor no sea tan eficiente en el manejo de las quejas como la agencia de reporte de crédito. En particular, si se trata de una agencia de cobranza, puede que haga un mal trabajo investigando reclamos. Por alguna razón, las agencias de cobranza parecen asumir que todas las personas que tienen una queja, sólo están tratando de no pagar un adeudo.

En el caso de una declaración de bancarrota, un gravamen fiscal o un juicio, el acreedor será una corte judicial y tiene que investigar cuál de ellas tiene la información. Esto pudiera ser extremadamente difícil, pero no se de por vencido. Si la información es incorrecta, no debería ser reportada, igual que cualquier otra información incorrecta. (La agencia de reporte de crédito debe proporcionar el nombre y la información de contacto de la corte que reporta la información.)

El gran problema

A continuación el problema, quizá, más grande de presentar una queja directamente con el acreedor, pues la nueva ley dice específicamente que, el hecho de que el consumidor asevere que la información es incorrecta, no basta para que el acreedor tenga una causa razonable para creer que es incorrecta. El hecho es que el consumidor con frecuencia encuentra información que daña su reporte de crédito, pero que no puede probar que es incorrecta, sólo sabe que está mal.

Ejemplo: María Rodríguez tiene balance pendiente con una importante tienda departamental en su reporte de crédito. Ella nunca abrió una cuenta con esa tienda, cree que probablemente pertenece a alguien con el mismo nombre. ¿Pero cómo puede probar que no es suya? Hasta este momento ha pasado horas tratando, sin éxito, de que los burós de crédito y el acreedor eliminen esta información.

Primero presente su queja con las agencias de reporte de crédito. Si eso no lo resuelve, presente la queja directamente a la compañía que reporta la información.

Disputar información correcta

No existe una varita mágica que limpie su reporte de crédito, pero hay varias cosas que puede hacer si su reporte de crédito es correcto pero pésimo. Aquí están las opciones:

Solo espere: Conforme la información tenga más tiempo, se vuelve menos importante. Como lo expliqué en el capítulo anterior, a la larga desaparecerá del reporte. Además, cuando sus se calculan puntajes de crédito, la información antigua tiene menos peso, la información de los últimos 24 meses es la que en verdad importa.

Reconstruya de todos modos: Lleve la estrategia de la espera aún más allá, y empiece a añadir nuevas referencias positivas. Esto es importante: no es suficiente eliminar la información negativa de su reporte, debe tener referencias positivas para construir un nuevo y mejor crédito. Alguien sin historial de crédito (o con uno muy pequeño) tendrá una puntuación de crédito muy baja, igual que alguien con uno negativo.

Si tiene solo una o dos (o ninguna) tarjetas de crédito o préstamos disponibles, añada nuevas referencias. Vea la sección de Cómo construir el crédito, más adelante en este capítulo.

Presente una queja: De nuevo, si se trata de información negativa, siempre puede presentar una querella a los burós de crédito. Si no puede ser verificada, debe ser eliminada. Esto puede resultar muy efectivo en el caso de viejas deudas donde el acreedor quizá ya no tenga acceso a los archivos. Pero tenga cuidado, la información puede agregarse de nuevo si se verifica como correcta. (Se supone que las agencias de reporte de crédito deben avisar por escrito antes de agregar información en disputa, que había sido borrada, de nuevo al reporte, pero no siempre ocurre.)

Pida perdón: Una forma de eliminar información precisa, pero negativa de su reporte, es pedir al acreedor que actualice su cuenta, al hacer esto el acreedor accede a eliminar los pagos tardíos.

Esto funciona mejor cuando la cuenta ha estado al corriente por un buen periodo de tiempo, aunque quizá haya algunos pagos tardíos que tengan una buena explicación (enfermedad, mudanza, divorcio). No se moleste en pedir a sus acreedores que actualicen una cuenta con muchos pagos atrasados durante un largo periodo de tiempo, a menos que en verdad tenga una buena razón.

De acuerdo a los lineamientos del Consejo General de Instituciones Financieras, los acreedores no deben actualizar las cuentas más de una vez al año, o dos veces en cinco años. La cuenta debe tener por lo menos nueve meses de antigüedad, el deudor debe demostrar que está dispuesto a pagar y, por lo menos, debe hacer tres pagos continuos a tiempo.

El desafío es encontrar alguien en la oficina del acreedor que esté dispuesto a ayudar. Yo recomiendo que sea muy paciente y amable, después de todo, está pidiendo un favor. Pero también sea persistente, si una persona no puede ayudarle, pregunte por el supervisor y si es necesario llame de nuevo.

Consiga ayuda: Si tiene varios puntos de información negativa en su reporte, quizá esté tentado a acudir a una compañía de reparación de crédito. Algunas veces esto puede ser útil, pero tenga cuidado. Antes de escoger una, vea las advertencias más adelante en este capítulo.

Dado que un reporte de crédito preciso es muy importante, debe revisar las reglas a seguir al presentar una queja:

- Que su carta sea breve.
- Si es posible escriba la carta a mano. (Solo si su letra es clara y legible.)
- Lleve un registro de todas las llamadas telefónicas.
- Guarde copias de toda la correspondencia.
- Mande sus cartas por correo certificado y con acuse de recibo.
- Presente una queja si hay errores, primero con los acreedores, después con las agencias de reporte.
- Sea amable, pero persistente.

Sin salida

¿Qué ocurre si tiene una queja legítima y no logra solucionarla?

Ejemplo: Shana compró un carro con un concesionario que resulto ser una estafa. Mientras transcurría la investigación, ella dejó de hacer los pagos del préstamo siguiendo el consejo de la oficina del fiscal, que además le otorgó una carta que decía que la información no debería aparecer en su reporte de crédito. Pero sus llamadas y cartas al buró de crédito no funcionaron.

Aquí hay algunas opciones:

1. **Presente una queja.** Puede presentar una queja de las agencias de reporte de crédito, a la Comisión General de Comercio (FTC) y esta debe reportarla a las agencias involucradas y solicitar una respuesta.

2. **Contrate un abogado.** Algunos abogados se especializan en demandar a acreedores y a las agencias de reporte de crédito. Si el abogado no recomienda demandar, pregunte si puede contratarlo o contratarla para que escriba algunas cartas por usted.

3. **Añada una declaración a su archivo.** Tiene permitido hacer una declaración de hasta 100 palabras que describa su lado de la historia. Si bien podría ser útil, los puntajes de crédito no toman en cuenta estas declaraciones.

Como construir su crédito

Ya hemos conversado sobre lo importante que es construir un buen crédito. Si no tiene crédito, o su crédito está dañado, es difícil comenzar. Aquí hay un par de estrategias que funcionan bien.

1. **Obtenga una tarjeta de crédito con garantía:** En lo que se refiere a su reporte de crédito, una tarjeta puede ser su mejor aliada, si paga a tiempo. Puede tener una tarjeta Visa o Master Card con un depósito de seguridad, por lo general de $200 - $500 para empezar. Úsela igual que cualquier tarjeta de crédito y empiece a construir su crédito. Sólo asegúrese de que esta información se reporte a los burós de crédito o no servirá de nada. Vea la sección de Recursos para mayor información.

2. **Pida prestado el buen crédito de alguien más.** Si vive con un familiar que tenga un excelente historial crediticio, quizá pueda ayudarle. No pida que funjan como fiador, sino que le den una

tarjeta de crédito adicional. Ni siquiera necesita tocar la tarjeta, de hecho, es mejor que no lo haga para que no se sienta tentado a comprar cosas que no puede pagar.

Cuando el emisor de la tarjeta reporte su estatus como autorizado a las agencias de reporte de crédito, llevará asociado el historial crediticio de esa tarjeta. Así, de pronto, podría tener un historial de diez años de una tarjeta de crédito con pagos puntuales. Pero no abuse del privilegio, no use la tarjeta y después de que haya construido su historia de crédito, pida a la persona que le ayudó, que cancele la adicional. Advertencia: si la tarjeta no es pagada a tiempo, su crédito se verá perjudicado.

Nota: Durante el *boom* de la vivienda las empresas de reparación de crédito explotaron el truco del usuario autorizado. Alguien podía "comprar" la manera de tener un mejor reporte de crédito para calificar a una hipoteca. Como resultado, FICO cambió su sistema para dar a estos usuarios de cuentas autorizadas menos peso. Sin embargo, cuando esta estrategia se usa entre miembros de familia que residen en la misma dirección, aún está disponible, siempre que el nuevo usuario no adeude en la tarjeta o se retrase con los pagos, porque esto sí daña el historial.

Una vez que tiene estas cuentas bajo control por cuatro o seis meses, consiga una tarjeta de una tienda departamental. Después de otros cuatro a seis meses, consiga otra referencia de crédito. Otros cuatro a seis meses más tarde, añada una tercera referencia de crédito, quizá una tarjeta de crédito de un banco grande o un préstamo automotriz. Su objetivo es tener cuatro o cinco referencias positivas, siempre pagadas a tiempo, y una deuda mala tan pequeña como sea posible.

Quizá no pueda reconstruir su crédito de un día a otro, pero puede ver una mejora significativa en sus porcentajes en un tiempo tan breve como seis o dieciocho meses si es consistente.

Compañías de reparación de crédito

Quizá haya visto anuncios que prometen un historial de crédito nuevo, sin importar su historial anterior. O quizá haya visto advertencias de las agencias de protección al consumidor que dicen que la reparación de crédito es una estafa. La verdad probablemente se halla en algún punto a la mitad de esas declaraciones.

Las agencias de reparación de crédito generan muchas quejas a la Comisión Federal de Comercio (FTC) y a otras agencias de protección al consumidor. Por ejemplo, cuando la Comisión era más activa, presentaron 31 casos contra las agencias de reparación de crédito como parte de la "operación borrador", la campaña federal y estatal en contra de las compañías fraudulentas de reparación de crédito. Unos años después, lanzó una advertencia a 180 sitios web sobre posibles violaciones a la ley federal y estatal por sus afirmaciones acerca de la reparación de crédito.

¿Por qué las personas son víctimas de la reparación de crédito? La razón principal es que están desesperados por pedir prestado de nuevo. Su crédito ya esta arruinado y ahora buscan una forma de conseguir una línea de crédito. Arrojar su dinero a la basura con una agencia de reporte de crédito, sólo para terminar con más deuda mala es una terrible inversión.

Pero la otra razón por la que la gente quiere reparar su crédito es que han cometido errores, y ahora quieren empezar a construir riqueza. Tener acceso a un crédito con una tasa de interés decente, puede ser de gran ayuda y esa es una buena razón para reconstruir el crédito, pero no es razón para gastar el dinero en esquemas fraudulentos de reparación de crédito.

Veamos cual es la verdad sobre la reparación de crédito.

Mito # 1: Podemos mostrarle cómo obtener un nuevo puntaje de crédito

Por lo general estos anuncios promueven una de varias estafas. Una es robar la identidad de personas fallecidas, a veces en lugares como Puerto Rico o Guam, y utilizarlas para solicitar crédito. Las autoridades en Georgia por ejemplo, descubrieron un sistema de fraude que vendía identidades de gente fallecida por $500 - $600 cada una. Los estafadores escanean los obituarios y después ordenan una verificación de antecedentes a través de internet, incluyendo números de seguridad social y reportes de crédito de gente fallecida. Se sospechaba de hasta ochenta personas involucradas en el delito, que consistía en usar los nombres de la gente fallecida como "fiadores" de préstamos automotrices.

Otra variación, es enseñar a las personas a construir una nueva identidad de crédito. Este fraude se llama "segregación de archivos". Una de las técnicas que enseñan es obtener un número de identificación de empleado, similar en dígitos a un número de seguridad social. Entonces se trata de establecer un nuevo expediente de crédito bajo ese número de identificación de empleado.

Esto es lo que opina la Comisión Federal de Comercio acerca de la segregación de archivos: "Es un crimen federal hacer cualquier declaración falsa en una solicitud de crédito o préstamo. La compañía de reparación de crédito puede recomendarle que haga precisamente eso. Es un crimen federal falsear su número de seguridad social, así como obtener un número de identificación de empleado bajo falsas pretensiones. También se pueden levantar cargos por fraude si utiliza el correo o el teléfono para solicitar un crédito y proporciona información falsa. Aún peor, la segregación de archivos es con toda seguridad un fraude de tipo civil de acuerdo a las leyes de muchos estados".

Pero aquí la razón real de por qué debe decir que no. Puede ser muy difícil empezar un nuevo historial crediticio, incluso con un nuevo número de seguridad social o un número de identificación de empleado. Podría mejor emplear el mismo tiempo en reconstruir su crédito de manera legítima. Ahorre dinero y hágalo de la manera correcta.

Mito #2
Podemos conseguir crédito garantizado

Si tiene problemas para conseguir crédito, quizá se sienta atraído por compañías que prometen una tarjeta de crédito o una línea de crédito, garantizado. El truco es que cobran una tarifa, que puede ser de sólo $100 o quizá hasta $1,000 o más. De acuerdo con el Código de Ventas por Telemercadeo (Telemarketing Sales Rule), si alguien garantiza o sugiere que hay una gran posibilidad de obtener o arreglar un préstamo u otra forma de crédito, es en contra de la ley pedirle que pague –o que ellos acepten un pago– por sus servicios, hasta que, de hecho, consiga el préstamo o el crédito.

He aquí otro fraude de "tarjeta de crédito garantizado" un anuncio de tarjeta de crédito que aparece mucho por internet, promete una "línea de crédito platino de $7,500". Y en letras pequeñas abajo dice, "para cualquiera de nuestras mercancías". Esta es una versión moderna de las "tarjetas catálogo" que se comercializaban a finales de los 80 y a principios de los 90. Se podía obtener una tarjeta para comprar la mercancía del catálogo de esa compañía en particular. Ahora, puede que la mercancía sea buena y no sea demasiado cara. (Pero no lo puede saber, porque no ve los catálogos a menos que se registre.) Pero aún así, el registro cuesta $149 y quizá tenga que hacer un pago de enganche por la mercancía que vas a comprar.

Mito# 3:
No hay nada que una agencia de reparación de crédito haga que usted no pueda hacer por su cuenta

Si bien la mayoría de agencias de reparación de crédito son un fraude, hay ocasiones en que pueden ser de utilidad, si encuentra una firma de crédito decente con la que pueda trabajar (eso por si mismo ya es un desafío). Si tiene varios puntos negativos debido a un divorcio, bancarrota, etcétera, y ha estado batallando con burós de crédito o acreedores, sin éxito, quizá necesite una compañía con experiencia en ese tipo de problemas.

De la misma manera en que puede elegir hacer su declaración fiscal o contratar a alguien que la prepare, hay ocasiones en que tiene sentido contratar una firma de reparación de crédito para que se haga cargo de la tediosa tarea de corregir su archivo.

Desafortunadamente, las leyes hacen tan difícil demandar a acreedores o burós de crédito que la mayoría de los abogados no quieren tomar esos casos. Hay firmas de abogados especializadas en reparación de crédito, pero también han tenido problemas de tipo de legal, así que tenga cuidado.

Tiene derechos

Las firmas de reparación de crédito están reguladas por la ley federal y en muchos casos por leyes estatales. Bajo la Ley Federal de Organizaciones de Reparación de Crédito (Federal Credit Repair Organizations Act), estas compañías deben dar al consumidor una copia de "Los Derechos de Crédito del Consumidor bajo las Leyes Estatales y Federales" antes de firmar un contrato escrito que describa sus derechos y obligaciones. Por favor lea el contrato.

Tiene protección específica bajo esa ley. Por ejemplo, una compañía de reparación de crédito no puede:

- Hacer afirmaciones falsas acerca de sus servicios;
- Hacer ningún servicio hasta que tenga su firma en un contrato escrito y se haya completado un periodo de tres días. Durante este tiempo, puede cancelar el contrato sin penalización; o
- hacer ningún cargo hasta que hayan completado los servicios prometidos.

Muchas firmas de reparación de crédito tienen una cláusula con la que pueden cobrar dinero por anticipado por concepto de servicios educativos, y después efectúan la reparación del crédito. Muchas de ellas reembolsarán esta tarifa si no logran remover la información negativa de su archivo.

Por favor tenga cuidado en cómo gasta el dinero con una agencia de reparación de crédito. Hay tantos fraudes que es importante que investigue cualquier compañía con cuidado, y aun así siempre tenga en mente lo que podría hacer usted mismo.

Ahora revisemos algunos de los problemas más comunes asociados a los reportes de crédito...

Capítulo dieciséis

Problemas comunes de los reportes de crédito

Estos son algunos de los problemas más comunes a los que se enfrentan las personas en los reportes de crédito, y algunos consejos acerca de lo que puede hacer al respecto.

Cuentas conjuntas y fiadores

Si firmó como fiador para una tarjeta de crédito o un préstamo para su novio, compañero de trabajo o ex, y están atrasados con sus pagos, usted está atorado con un mal crédito. Si estuvo de acuerdo con la cuenta al abrirla, entonces lo correcto es que tenga que lidiar con esa información como correcta (Vea abajo).

Ejemplo: Sara firmó como fiador en la tarjeta Visa de su hija cuando ella partió a la universidad. Como su hija siempre había hecho sus pagos a tiempo, se olvidó del asunto. Varios años después la hija de Sara se había casado y ahora se estaba divorciando. Además, también había agregado al esposo a la cuenta de su madre, él acumuló grandes deudas y partió sin pagarlas. Ahora el crédito de Sara y el de su hija estaba arruinado.

Si firmó como fiador para un crédito de auto y ya no quiere ser parte de eso, por lo menos haga que cierren la cuenta para evitar pagos futuros. No deje que el acreedor lo intimide y le haga creer que necesita el consentimiento de la otra persona para hacerlo. (A veces argumentan que no pueden cerrar la cuenta sin el consentimiento de ambas partes.) Si es necesario haga que un abogado escriba una carta que informa que desea cerrar la cuenta y que no será responsable por ningún otro cargo. Al hacer esto no se elimina la cuenta de su tarjeta de crédito, pero podría protegerle de deuda futura.

Usuarios autorizados

Si alguna vez ha pedido al emisor de tarjetas que le envíe una tarjeta para su esposa o hijo, entonces solicitó un usuario autorizado de su cuenta. Un usuario autorizado es diferente a una cuenta conjunta, en este caso la otra persona no necesita firmar (o estar de acuerdo) con la cuenta. Así que no es legalmente responsable por los adeudos, pero tiene derecho a usar la cuenta. Si añade a alguien más a su cuenta como usuario autorizado, usted es responsable de cualquier cargo en que ellos incurran, así que tenga cuidado.

Si el usuario autorizado es su esposa o esposo, la Ley de Equidad de Oportunidades de Crédito requiere que los acreedores reporten a las agencias de reporte de crédito, la cuenta con ambos nombres (si es que el acreedor reporta las cuentas a uno o más agencias de reporte de crédito.) Tenga cuidado si tiene un usuario autorizado (o es un usuario autorizado) y está pasando por un divorcio, bancarrota u otros problemas que pudieran afectar su crédito. Si cree que haya algún problema para hacer los pagos a tiempo, retire su nombre de la cuenta lo antes posible,

Si es un usuario autorizado de una cuenta que se convirtió en problema, pida al acreedor que elimine esa cuenta del historial de crédito, dado que no es legalmente responsable de ella.

El divorcio

El divorcio ya de por sí es difícil sin tener que lidiar con los efectos de una puntuación de crédito en ruinas. El escenario más común es que un juez asigne la cuenta conjunta a una de las partes en el decreto de divorcio. La otra parte entonces cree que ya no le corresponde el adeudo. Pero el decreto de divorcio no borra el contrato original con el acreedor. Las cuentas conjuntas todavía se pueden reportar a su historial crediticio, siete años si se trata de información negativa y por tiempo indefinido si se trata de información positiva.

Piensa en ello. La mayoría de los acreedores prefieren cobrarle a dos personas que a una, así que por lo general no están dispuestos a quitar a una de las partes de una cuenta conjunta. Pero algunos consumidores han tenido éxito en persuadir a los acreedores de eliminar cuentas de su reporte de crédito que fueron asignadas a su ex en el divorcio. Intentar no hace daño. ¿La excepción? Si su ex está atrasado actualmente con los pagos de la cuenta conjunta, contactar con el acreedor o la agencia de cobranza podrá significar que vayan tras de usted.

Amor, dinero y crédito

Denny y Lyn eran amantes en desgracia. Todos sus amigos coincidían en que el universo sería un mucho mejor lugar si no se hubieran conocido. Igual que un hoyo negro, ambos absorbían toda luz y materia hacia un vórtice de peso y gravedad ineludible. Y tal como cualquier hoyo negro no resulta divertido para los planetas, Denny y Lyn tampoco eran muy divertidos para amigos y familias de sus órbitas.

Todo empezó de manera inocente. Denny era el corredor estrella en una pequeña universidad sureña. Lyn era la porrista más bonita y popular. Estaban, por lo menos, destinados a salir juntos y todos hubieran sido más felices si ahí hubiera terminado todo. ¿Por qué tenían que terminar juntos y luego casarse?

Denny ganaba muchas yardas para su división en la escuela, pero se dio cuenta de que no tenía el tamaño para hacerlo en el fútbol profesional, no importó. Además de su habilidad atlética, encanto y buena apariencia Denny tenía cerebro. Se destacó en ciencias y lo admitieron en la escuela de medicina, atravesó por los rigores de la universidad y encontró su vocación al convertirse en ginecólogo.

Lyn lo siguió a la universidad, mientras él estudiaba día y noche ella no tenía nada que hacer. Pero, además de tener una buena apariencia y encanto, tenía cerebro, decidió continuar con su educación mientras Denny le proponía matrimonio. Y solicitó entrar a la escuela de derecho y pronto fue aceptada.

Antes de que se dieran cuenta Denny se convirtió en un ginecólogo destacado y Lyn en abogada con licencia. Ambos eran atractivos, bien educados: la pareja perfecta. Era inevitable que se casaran, y pronto fueron Lyn y Denny, marido y mujer.

Pronto llegaron dos niños, un niño y una niña perfectos, así como casas más grandes y carros más bonitos. Ambos eran muy exitosos en sus respectivos campos.

Eventualmente, la combinación de éxito y dinero, la buena apariencia y las sinapsis activas, se volvió destructiva. Denny y Lyn podían tener lo que quisieran. Ya sea con su apariencia, poder o dinero, o la combinación de todo, no tenían restricciones. Y sin restricciones, no hay límites de moral, humildad y discreción. Eran libres de tomar lo que quisieran.

Denny siempre tuvo un buen número de pacientes que se sentían atraídas por él. Unas eran más sutiles que otras, pero el aceptó esto como una relación natural doctor-paciente. Pero entonces apareció Laura una ex gimnasta de treinta años que fue para una revisión, estaba en forma y era sexy.

De inmediato hubo chispas entre ellos. Denny había experimentado una fuerte atracción en dos ocasiones anteriores con pacientes, pero se había dicho a si mismo que estaba casado y tenía dos hijos, además era el doctor y estaba en una posición de poder. Él había suprimido aquellos sentimientos.

Denny no pudo hacerlo esta vez. La emoción no era tan fuerte con Lyn. Ella pasaba demasiadas horas trabajando, y cuando estaban en casa juntos, cuidada de los niños. No había chispa en su matrimonio.

Una aventura con Laura parecía algo normal y ella estaba más que dispuesta. Denny incluso racionalizó que esto podría mejorar su matrimonio.

Lyn pasaba muchas horas en el trabajo. Se había convertido en socia de la firma, una estrella en el departamento de litigio comercial. Uno de los clientes más grandes, una compañía de productos alimenticios, solicitó que Lyn manejara su litigio. Marshall el presidente de la compañía se sentía muy atraído por Lyn, disfrutaba de su compañía y admiraba su presencia.

Una de las audiencias del litigio tendría lugar al otro lado del país. Marshall y Lyn viajaron en el avión corporativo. Esa noche, en la cena, los dos bebieron más de la cuenta y perdieron sus inhibiciones. Lyn sintió con Marshall una emoción que últimamente no sentía con Denny. Una aventura con Marshall parecía perfectamente natural. Lyn incluso racionalizó que esto podría mejorar su matrimonio.

Y así se pusieron en marcha los acontecimientos.

Los amigos le contaron a los amigos, quienes le contaron a más amigos, y pronto todos supieron de la doble infidelidad.

Denny siguió adelante. Las cosas con Laura no funcionaron, ella afirmó que él había abusado por su posición como doctor y ahora la junta de médicos lo estaba investigando. Denny continúo sin inmutarse y no paso mucho tiempo antes de que sus antiguas pacientes volvieran.

La esposa de Marshall lo descubrió. La familia de ella era propietaria de la compañía de productos alimenticios, así que este cliente grande y poderoso amenazó con abandonar la firma de abogados a menos que despidieran a Lyn.

Lyn fue despedida.

Denny y Lyn se culparon el uno al otro por sus sorpresivos cambios de fortuna. Se produjo un divorcio público y desagradable. Amigos y familiares se vieron forzados tomar bandos. Hubo amistades que se perdieron por no tomar el bando correcto. El efecto del divorcio superó por mucho las vidas de los dos padres y los dos niños. Fue destructivo, inevitable e hizo que muchas personas desearan que nunca se hubieran casado.

Para cuando el amargo y costoso divorcio terminó, la corte dividió los bienes a la mitad. Lyn se quedó con la casa. Como sus sueldos eran casi iguales, la corte concedió a Lyn $5,000 al mes por concepto de manutención de los hijos y otorgó a Denny derechos de visita los fines de semana.

Cuando fue despedida, encontrar otro trabajo fue difícil para Lyn, pues ahora era mercancía dañada en el mundo de los grandes bufetes de abogados. Pensó en trabajar por su cuenta, pero honestamente estaba cansada de ser abogada. Después de todas las políticas de la firma y las demandas de los clientes, necesitaba un descanso. Recordó la broma de un viejo abogado que decía que la mejor práctica era la que no tenía clientes. Con los $5,000 dólares que recibía de Denny, creyó que podría pagar la casa y cuidar a los niños.

Pero no pudo, los gastos eran cercanos a los $6,000 dólares al mes, en especial ahora que ya salía con un consultor de 30 años y necesitaba mantenerlo feliz.

Entonces Lyn pensó que Denny debía darle aún más dinero para cuidar de los hijos. Solicitó una nueva tarjeta de crédito conjunta, utilizando la información financiera de ambos. Lyn conocía toda la información de su ex y como no estaba trabajando, el récord de empleo de él, sin duda ayudó a que le dieran una tarjeta de crédito con un límite muy alto.

Lyn cuidó de sus hijos pero también se divertía. Cuando Denny tenía a los niños el fin de semana, ella y su novio iban de compras a San Francisco o a esquiar a Reno. Eran viajes costosos.

Muy pronto, Lyn se retrasó con los pagos de la casa. Pero no estaba preocupada, el abogado de Denny había olvidado discutir el tema durante el divorcio, sin embargo, sabía como abogado: que si ambas partes seguían como responsables de la hipoteca y una de estas no hacía los pagos correspondientes, la otra parte seguía siendo responsable del préstamo.

Esté hecho le cayó a Denny como agua helada cuando trató de comprar una nueva casa.

Después de salir a muchas citas, Denny se enamoro de Jennifer, era una mujer joven, recientemente divorciada y madre de dos hijos. Tenían mucho en común, incluyendo un divorcio reciente. A diferencia de la situación de Denny, el acuerdo de Jennifer requería que su casa se vendiera o se refinanciara. Cuando Denny necesitó un lugar para sus dos hijos, y los dos de Jennifer, era lógico mudarse a una casa más grande.

Denny y Jennifer encontraron la casa perfecta para sus cuatro hijos. Tenía un patio grande, una bonita alberca y estaba lista para que se mudaran.

Hasta que Denny se dio cuenta de su problema de crédito. Lyn no había hecho el pago de la casa por tres meses, así que ya estaba en proceso de embargo. También había dejado de hacer los últimos pagos de la tarjeta de crédito conjunta que ella había sacado sin su consentimiento.

El crédito de Denny lucía terrible. No iba a comprar ninguna casa en el futuro inmediato. Jennifer estaba furiosa, Denny le pidió que tratara de entender. Ella también había pasado por un desagradable divorcio y él creía que entendería la situación. Pero no fue así. Necesitaba una casa para sus hijos, así que le exigió que arreglara su crédito de inmediato.

Hicieron una cita con un abogado local especialista en problemas de crédito. Primero, Denny quiso saber si podía comprar su vieja casa en proceso de embargo. Esa casa le gustaba mucho y quizá de esa manera pudiera recuperar algún dinero.

Jennifer detestó la idea. No lo quería cerca de su antigua casa.

Antes de que Denny pudiera enojarse, el abogado les informó que como la casa tenía varios pagos retrasados, el acreedor había solicitado que se hiciera el pago completo de inmediato. Si Denny quería su vieja casa, tendría que arreglar su crédito. El abogado dijo que lo primero que tendrían que arreglar era el tema de la tarjeta de crédito conjunta que Lyn había sacado sin su permiso. El abogado sugirió que la manera apropiada de manejar esa situación era presentar una denuncia a la policía por actividad fraudulenta. Sólo de este modo, la compañía de tarjetas de crédito investigaría el asunto y eliminaría la información negativa de su reporte de crédito.

Denny dijo que no podía presentar ninguna denuncia en contra de Lyn, era la madre de sus hijos y quien los cuidaba el 80 % del tiempo. No iba a permitir que sus hijos fueran criados por una criminal.

Esto último hizo que Jennifer explotara y le dio un ultimátum: era Lyn o ella. Denny de nuevo le pidió tratara de entender pero ella se levantó y salió de la oficina.

Denny y su abogado se sentaron en silencio por un momento, cuando Denny empezó a reír con alivio, el abogado supo por qué y sonrió.

Juntos hicieron un plan para restaurar el crédito de Denny. Involucraba retirar dinero de su plan de retiro, pagar algunas multas por retiro anticipado y usar el dinero en efectivo para liquidar el crédito. Pagaron el saldo de la tarjeta de crédito de Lyn y cancelaron la cuenta. El emisor de la tarjeta accedió actualizar la cuenta y eliminar la información de pagos tardío a cambio del pago total del saldo. También llegó a un acuerdo con el acreedor de la hipoteca, después hicieron una petición a la corte para solicitar a Lyn que vendiera o refinanciara la propiedad.

Estas acciones fueron una sacudida para Lyn, dejó a su novio, encontró un trabajo con una firma legal de interés público, nada muy estresante y con un salario razonable. Ella vendió la enorme casa que igual no necesitaba, y encontró una casa agradable en un vecindario decente con buenas escuelas para los niños.

Denny pudo arreglar su situación crediticia en un periodo corto de tiempo. Tuvo la satisfacción de saber que evitó un segundo divorcio y de que no convirtió a la madre de sus hijos en una criminal.

Si se está separando es esencial que:

1. Cierre cuentas conjuntas para evitar cargos futuros.
2. Estipule que su ex venderá o refinanciará la casa dentro de un periodo de tiempo, si ambos están de acuerdo.
3. Transfiera cualquier saldo conjunto a cuentas individuales.
4. Monitoree su reporte de crédito cada mes para evitar fraudes o futuros problemas.

Matrimonio y crédito

Algunos expertos en finanzas aconsejan que las parejas muestren sus respectivos reportes de crédito antes de decir "acepto". Y no es un mal consejo. Por lo menos debería entender lo que el matrimonio puede causar en su crédito. Si tienen crédito por separado antes de casarse, no hay razón para cambiar.

No por el hecho de casarse, sus historiales de crédito se fusionan. Para que se reporte en ambos historiales crediticios, tiene que añadir a su nueva esposa o esposo a sus cuentas o viceversa.

Ejemplo: Justin y Kayla se van a casar. Ella tiene algunos préstamos estudiantiles que siempre paga a tiempo y solo una tarjeta de crédito. Él ya arruinó su crédito. Si ella lo agrega a sus cuentas, corre el riesgo de que esto arruine su historial y quede atrapada junto con él. Si él, la agrega a ella, de inmediato se verá afectada ella y sus puntajes. Una cuenta conjunta de bajo límite podría ser lo mejor, si es que ella quiere correr el riesgo.

Mi consejo es tener una cuenta conjunta y usarla para las compras de la casa pero que el resto permanezca separado. Desde luego, los préstamos para auto o hipoteca pueden ser deudas conjuntas, pero no necesariamente. Si uno de los dos necesita construir un mejor puntaje de crédito, puede usar la estrategia de "pedir prestado" el buen crédito de su pareja, como describimos en la sección de construir crédito.

¡Advertencia! Tenga cuidado si vive en estados de bienes mancomunados (Arizona, California, Idaho, Louisiana, Nevada, Nuevo México, Texas, Washington y Wisconsin) porque en todos estos estados, cualquier deuda en que incurra cualquiera de las partes durante el matrimonio puede convertirse en parte de la propiedad en común, lo que quiere decir, que podría ser responsable por los gastos de su esposa o esposo. Incluso en ese caso, sus cuentas individuales no serán reportadas en el historial crediticio de su esposo o esposa y viceversa.

Gerri Detweiler ha visto lo que ocurre cuando una de las partes o un ex se declara en bancarrota. Cualquier cuenta conjunta incluida en la bancarrota, aparecerá como tal, en el reporte de crédito. Debido a una demanda hace algunos años, el buró de crédito cambió su sistema de búsqueda e investigación para saber si la parte que no se declaro en bancarrota está involucrada en la misma, si no es así, los burós dicen que la bancarrota no va aparecer en el reporte de crédito de la parte "inocente". Pero puede que los acreedores si lo reporten si no tiene cuidado.

Ejemplo: Kevin se declaró en bancarrota y su esposa Martha no. Tenían una cuenta en conjunto de una tienda departamental que no habían utilizado por algún tiempo y que no estaba en la bancarrota. Si bien solo Kevin se declaró en bancarrota, el emisor de la tarjeta de crédito cerró la cuenta e hizo un reporte a ambos historiales crediticios "incluida en bancarrota", aún cuando no era así. Martha tuvo que solicitar al emisor de la tarjeta que eliminara el reporte de bancarrota de su historial de crédito porque era incorrecto.

Muerte y deuda

Si tenía una cuenta en conjunto con alguien que ha fallecido, entonces será responsable por la cuenta. Si vive en un estado de propiedad mancomunada y su esposa o esposo muere, puede que sea responsable de la deuda acumulada durante el matrimonio. Pero de otro modo no es responsable de estas cuentas. Esto incluye a los padres cuyos hijos obtuvieron sus propias tarjetas de crédito sin que uno de sus padres fungiera como fiador, así como adultos a quienes agregaron a las cuentas de sus padres como usuarios autorizados para que les ayudaran administrar sus finanzas.

El acreedor puede tratar de cobrar al estado, si acaso. Que el acreedor decida hacerlo o no, depende del monto del adeudo o de si considera que puede lograrlo. No se sienta presionado para pagar esas deudas, en especial, si va a dañar financieramente a su familia.

Los emisores de tarjeta de crédito, tratarán de hacerle sentir culpable o incluso engañar a hijos, esposos, esposas o padres para que paguen las cuentas individuales de los difuntos. Como lo vimos en el capítulo cuatro, el caso de Elena, pueden mentir y decir al sobreviviente que el adeudo es su responsabilidad. U ofrecen "transferir" el balance a una cuenta nueva a su nombre. En una caso drástico, un estudiante de universidad se suicidó después de incurrir en cuantiosas deudas y, los dos años siguientes, los emisores de las tarjetas acosaron a su madre para que pagara las cuentas. Como ya lo hemos mencionado, si se encuentra en está situación, no acceda a pagar nada hasta hablar con un abogado. Quizá también deba considerar presentar la queja correspondiente.

Confusión

Puede suceder que encuentre una cuenta que ni siquiera recuerde. Es posible que a través de una fusión de bancos o de la venta cuentas, su cuenta ahora esté con un nuevo acreedor y simplemente no reconoce el nombre. O es posible que lo hayan confundido con alguien más, en especial si su nombre es muy común. Contacte a su acreedor para hacer la aclaración correspondiente. En el peor de los escenarios, una cuenta que no reconoce podría significar robo de identidad.

Balances antiguos

El balance que se reporta de una cuenta, es el que se reporta el día que el acreedor envía los datos a la agencia de reporte de crédito. Si usted paga su saldo completo cada mes, su cuenta puede no aparecer en cero, a menos que sea reportada antes de que haga nuevos cargos a la cuenta. Cuando liquida un saldo por completo, puede tomar hasta 45 días para que aparezca en su reporte de crédito.

Ejemplo: debido a su trabajo, Richard hace viajes internacionales y tiene una tarjeta

American Express para propósitos de negocios. Sus gastos mensuales de viaje van de $10,000 a $ 20,000, cantidad que paga por completo cuando le reembolsan el dinero. Su reporte de crédito muestra balances elevados aunque liquida el saldo cada mes.

Si tiene una cuenta que se dio de baja, puede presentar un balance hasta que se pague o liquide. Un gravamen fiscal o una cuenta que ya se pagó, debería mostrar un balance en cero. Si pagó una cuenta hace tres meses y su reporte todavía muestra el balance, por supuesto, presente una queja.

Consultas no autorizadas

Es difícil hacer que se eliminen las consultas. Y la razón principal es que la ley requiere que los burós de crédito muestren los nombres de las compañías que han hecho consultas de su reporte de crédito durante el último año (dos años, si se trata de consultas por motivos laborales). Aún si una consulta de su reporte no fue autorizada, el hecho es que alguien tuvo acceso a su archivo, y el buró debería informar.

Si tiene múltiples consulta sin autorización en su reporte –en particular si ha sido víctima de fraude– puede pedir al buró de crédito que bloquee esas consultas. Si están bloqueadas, nadie las verá excepto usted, y no podrán afectar su puntaje de crédito. Si se trata de algunas consultas que no esperaba, tiene que decidir si vale la pena gastar tiempo y esfuerzo en presentar una disputa.

Bancarrota

Cuando se declara en bancarrota, esta aparece junto con cada una de las cuentas incluidas en la bancarrota. Mientras que la bancarrota puede ofrecer "un nuevo comienzo" no borra las cuentas originales que aparecían en su reporte. Si una cuenta se dio de baja durante la bancarrota, por ejemplo, puede aparecer como "dada de baja", o "una cuenta de ganancias y pérdidas", pero no debe mostrar balance si la bancarrota ya se concretó. Si lo hace, presente una queja e incluya una copia de los papeles de sus adeudos que fueron dados de baja en la bancarrota como prueba. Y si la bancarrota no procede o la retira, igual aparecerá en su reporte de crédito durante el mismo periodo de tiempo que si hubiera pasado todo el proceso.

Recuerde, mientras que todas las bancarrotas aparecen en el reporte de crédito por diez años a partir de la fecha de la declaración, las agencias de reporte de crédito grandes eliminarán su declaración de bancarrota bajo el artículo 13, a los siete años.

Reposesión de auto

La reposesión aparecerá en su reporte de crédito y permanecerá ahí siete años a partir de la fecha de reposesión. Si usted mismo entrega las llaves se le llama reposesión voluntaria y puede aparecer en tu reporte por tanto tiempo como una reposesión regular, a menos que negocie algo diferente con el acreedor.

Otra advertencia: en la mayoría de los estados, el vehículo será vendido en subasta y si el precio es menor que el balance del préstamo (además de costos legales de reposesión, abogado u otros costos que pudieran aplicar) lo pueden demandar por el déficit. La sentencia por este déficit será dictada por la corte y también aparecerá en su reporte de crédito.

Asesoría de crédito

Si bien entrar a un programa de asesoría de crédito puede afectar su historial crediticio, quizá no sea tan malo como cree. Primero, la mayoría de los acreedores actualizan sus cuentas una vez que haya entrado al programa y haya hecho tres pagos puntuales. Eso significa que los acreedores eliminarán los pagos tardíos previos a la entrada al programa.

Si reportan una de sus cuentas como pagada a través de asesoría de crédito, la puntuación FICO no toma esto en consideración cuando calcula su puntaje de crédito.

Sus tarjetas de crédito, sin embargo, estarán cerradas durante el programa así que será difícil obtener nuevos préstamos. Además, muchos acreedores hipotecarios verán los programas de asesoría de crédito como algo negativo. Pero también hay acreedores que entienden el valor de la asesoría de crédito y estarán dispuestos a financiar un préstamo, una vez que, con éxito, haya hecho los pagos en el programa por al menos uno o dos años, si además cumple con los otros requerimientos.

Advertencia: Si la agencia de consultoría de crédito paga tarde a sus acreedores, usted será responsable por esas cuentas, y esos reportes de pago tardío aparecerán en su historial crediticio. Esto ha ocurrido antes, así que elija a la compañía de consultoría de crédito con mucho cuidado.

Cuentas de cobro

Las cuentas de cobro son engañosas y merecen su propia sección. Una cuenta de cobro en automático se considera información negativa, así que aún si la paga quizá no tenga una diferencia significativa en su puntuación de crédito.

Por lo general, hay dos tipos de cuenta que se reportan en el caso de una cuenta de cobro: la cuenta original con el acreedor y la cuenta de cobro. La excepción sería cuando la cuenta original (la compañía de teléfono celular, de servicios médicos, etcétera) no reporta de manera regular a las agencias de crédito. En la mayoría de los casos, solo aparecerá la cuenta de cobro.

Si aparece más de una cuenta de cobro porque no pagó la misma deuda y esta fue turnada a una segunda agencia de cobranza, solo debe aparecer la información más reciente. Presente un reclamo por la primera cuenta.

Los detalles de la cuenta original son mucho más importantes que la cuenta que está en la agencia de cobranza, simplemente porque esta última es automáticamente negativa. Pagar la cuenta de cobro, en sí mismo, no ayudará a su historial de crédito.

Si tiene una cuenta que se reportó en su historial crediticio –digamos de una tarjeta de crédito importante– que fue enviada a una agencia de cobranza, el acreedor original quizá no esté dispuesto a hablar, ni negociar con usted. Es mejor si acepta porque es preferible trabajar con un acreedor que una agencia de cobranza.

Si no paga una de estas cuentas, al acreedor o a la agencia de cobranza, estos tienen un número de años –basado en el estatuto de limitaciones– para demandar con éxito por el adeudo. Ciertamente usted no quiere una demanda en su reporte de crédito, sin embargo, antes de que lo demanden, por ley deben notificarle llevarán el caso a la corte y esa puede ser su oportunidad para negociar el pago del saldo. Si el estatuto de limitación ha expirado, entonces no pueden demandar por el adeudo y puede utilizar esto como argumento de defensa, en este caso, no hay mucho que puedan hacer.

Una cuenta de cobro, como ya hemos mencionado, puede aparecer en los reportes de crédito por siete años y medio a partir de la fecha en que originalmente dejó de hacer el pago. Incluso si no paga no se puede reportar por más tiempo. Si una agencia de cobranza le dice otra cosa, tome notas. Afirmar que la información puede permanecer más del tiempo legal, o que el acreedor "tiene formas" de hacer que permanezca más tiempo en su reporte es una violación de la ley de Ley de Prácticas de Cobranza Equitativa, la cual no acepta declaraciones falsas.

Aquí hay algunas cosas que debe considerar concernientes a tu reporte de crédito:

- ¿Es probable que lo demanden por un adeudo? Si es así, pagar, evitará que aparezca el juicio en su reporte de crédito en caso de que pierda. Desde luego, es difícil saber si un acreedor o agencia de cobranza está hablando en serio cuando amenaza con demandar.

- ¿Puede hacer que la agencia de cobranza elimine su reporte de cuenta si lo paga? Si acceden, debe recibir su promesa por escrito antes de pagar. Las agencias de cobranza con frecuencia prometen la luna, pero no hacen nada una vez que ha pagado. Nota: no pueden hacer nada respecto de la cuenta con el acreedor original, que, para su crédito, es igual de importante.

- Si negocia un pago menor a la cantidad total, su cuenta aparecerá como "liquidada" por menos que la cantidad total. Pero para una cuenta de cobro eso no es importante puesto que ya es negativa de por si.

- ¿Se trata de un monto antiguo que ya no puede ser reportado o que va desaparecer de su reporte de crédito pronto? Los consumidores se quejan de que las agencias de cobranza les dicen que van a reportar sus deudas con una antigüedad mayor a diez años. Eso es ilegal.

- ¿Cómo aparece la cuenta original? Si aparece una cuenta con un balance en cero, pagarla no será de mucha ayuda. Si aparece como dada de baja, con un balance, y el acreedor original está de acuerdo en actualizar la cuenta con un balance de cero si usted cubre el saldo, entonces tienes oportunidad de aumentar su puntaje un poco.

Si esta solicitando una hipoteca, puede que el acreedor, le solicite pagar una cuenta de cobro importante, antes de otorgarle la hipoteca. De nuevo, busca que eliminen toda la información negativa si es posible. Y si no, por lo menos obtenga un papel por escrito que diga que pagó el balance completo.

Recuerde que las agencias de cobranza deben reportar la primera fecha en que se retrasó. Si en su reporte aparece una cuenta y no está la información asociada, presente una queja.

Su revisión anual de crédito

Marque en el calendario su revisión anual de crédito. Pida sus reportes de crédito gratuitos una vez al año revíselos y asegúrese que toda la información sea correcta.

Si no ha visto los reportes de consumidor descritos en el capítulo Nueve, pídalos también para que se asegure de que no habrá sorpresas.

Sólo así sabrá su situación, cuáles son sus áreas fuertes y cuáles las que necesitan mejora.

A continuación, no permita que lo estafen...

Capítulo diecisiete

Estafas

Existe una enorme ironía en el mercado. Mientras los ciudadanos más honestos batallan con un historial crediticio malo, debido a un divorcio, la bancarrota, una crisis médica u otro evento que ha alterado sus vidas, y mientras más individuos responsables se esfuerzan por resolver sus asuntos crediticios con integridad, desafortunadamente aparecen más artistas del fraude y la estafa, que han convertido a personas vulnerables en sus víctimas. Y el terrible resultado es que, un genuino intento por mejorar el historial de crédito podría verse aplastado por un agente sin escrúpulos que solo empeorará su historial.

¿Cómo evitar ser víctima de un fraude?

Primero, lea este capítulo para entender los patrones y las maniobras de las estafas. Los estafadores se aprovechan de los temores y vulnerabilidades. Debe preguntarse: ¿estoy siendo manipulado? No es tan difícil, retroceda un poco y de forma racional analice si la información que le dieron utilizó sus miedos para manipular su decisión. Trate de ver más allá de la insinuación y utilice sus habilidades de pensamiento.

Segundo, evite ser blanco de fraudes. No se precipites a tomar ofertas que suenen demasiado buenas para ser verdad. Como todos sabemos, lo que suena demasiado bueno, probablemente no lo sea. El problema es que nos gusta la idea: "¡resuelva todos sus problemas de crédito por $199!" o "¡crédito garantizado, sin importar su historial de crédito!" La cura del problema: sea escéptico. No crea nada de lo que le digan hasta que haya verificado la información, y aun así, continúe siendo escéptico.

Después de todo, si todos nuestros problemas de crédito se pudieran resolver por sólo $199, no habría necesidad de leer este libro. En realidad, ¡no hubiera habido necesidad de escribir este libro!

Pero debemos leer y estudiar, porque no existe una panacea, no hay curas simples. Los problemas de crédito se pueden resolver de una manera realista y sistemática. Es poco probable, si es que acaso funciona, que todo se solucione pagando a un tercero que ofrece promesas ilusorias de redención instantánea.

La oficina fiscal general de cada estado lidia con los diferentes asuntos relacionados con el crédito y trabaja para proteger a los ciudadanos de miles de estafas de parte de agencias de reparación de crédito, y no es un trabajo fácil.

La mayoría de los estados requieren que las compañías de reparación de crédito estén registradas y coloquen una fianza en la división de asuntos al consumidor. De acuerdo con la ley estatal, estas compañías no pueden cobrar por adelantad su servicio. Y aun así tales protecciones no son una garantía. Jo Ann Gibbs, una procurador general adjunta en la oficina de fraude al consumidor en las Vegas, Nevada, relató el caso de una empresa de reparación de crédito con un historial legitimo de reparaciones. Desafortunadamente, el dueño de la compañía, desarrolló una adicción severa al juego y empezó a malversar el dinero de los clientes. El fraude no fue detectado por algún tiempo, pero cuando finalmente fue descubierto, los consumidores estaban mucho peor que antes, con adeudos mayores y pagos vencidos, terminaron con muchos más problemas que antes de firmar con la compañía.

El Fiscal General de Nevada, por ejemplo, investigó a diversas compañías que ofrecían reparar el crédito por un pago entre $250 a $500, pero dichos servicios sólo empeoraron la situación de los consumidores. Las compañías, en este caso, enviaron cartas a cada uno de los tres principales burós de crédito simplemente afirmando que "los adeudos no son míos" o utilizando solo la palabra "fraude".

Las declaraciones, no solo eran incompletas, sino con frecuencia falsas. Aún peor, cuando notificaban a las agencias de reporte de crédito que estos consumidores podrían ser víctimas de fraude, esas cuentas quedaron marcadas para revisión y escrutinio mayor. Estos consumidores ahora deben proveer información adicional y pasar por más filtros de verificación cuando solicitan un crédito, y quizá sea más difícil que lo obtengan, debido al reporte de actividad fraudulenta en sus cuentas.

Otra estafa que la oficina ha investigado involucra el ofrecimiento de una tarjeta de crédito a personas con un mal historial crediticio. Por una cantidad significativa de dinero, por lo general entre $299 y $399 (que se retira directamente de la cuenta del consumidor), los estafadores prometen una tarjeta de crédito, sin embargo, en lugar de que le envíen una tarjeta de crédito real, el consumidor recibe un folleto con una solicitud de crédito de una tarjeta Visa o Master Card. Le piden que llene y regrese el formulario, no a Visa ni Master Card, sino a la compañía. Los estafadores prometen hacer un reembolso si la solicitud es rechazada en tres ocasiones. Esta promesa es vacía e ilusoria dado que nunca envían el formulario. Las llamadas de seguimiento del consumidor son ignoradas. Los tipos malos ya tomaron el dinero, cerraron la tienda y continuaron estafando a alguien más.

Eso sin mencionar que permitir un retiro directo de su cuenta de banco tiene sus propios inconvenientes...

Desapareció antes de que se diera cuenta

Jim estaba sentado en el sofá y sonreía. Estaba feliz por haber anotado dos goles en el partido de futbol de la compañía. Era el picnic anual y algunos de los ejecutivos más importantes de la compañía lo miraban complacidos por esos dos goles. Y eso lo hacía sentir bien.

Sin embargo, también estaba furioso porque se sentía inútil. Había anotado esos goles por la ira que sentía por su situación financiera. Parecía que nunca podría salir adelante. Cuando todo parecía ir mejor, algo ocurría y veía frustrados sus esfuerzos.

El más reciente revés tenía que ver con la salud de su madre. El padre de Jim había fallecido cinco años atrás y no había dejado a su madre en una buena situación económica. Sabía que su padre lo había intentado, pero siempre había otro carro u otras vacaciones o algo que lo distraía.

La madre de Jim se había sometido recientemente a cirugía. Ella se encontraba bien físicamente, pero financieramente el procedimiento se volvió una carga. Como no quería que ella se preocupara, Jim se hizo cargo de los pagos. Esto no sólo impidió que pudiera ahorrar para comprar una casa, sino que fue terrible para su presupuesto mensual. Era soltero y se hacia cada vez más viejo, quería una familia pero no deseaba tener hijos si su situación financiera era mala. Y no estaba cerca de su objetivo, últimamente se había retrasado con sus pagos y eso lo angustiaba.

Jim creyó que podría conseguir, de manera temporal, algún crédito extra y la situación mejoraría. Fue entonces cuando sonó el teléfono.

Le preguntaron si le gustaría obtener una tarjeta de crédito. Jim contesto que su puntaje de crédito no era bueno y el agente le dijo que eso no era un problema. La tarjeta que ellos ofrecían estaba disponible sin importar sus problemas de crédito.

Cuando Jim mostró interés, con rapidez el agente le preguntó si tenía una cuenta de cheques, Jim contesto que sí y el agente le respondió, que entonces podían proceder.

La oferta sonaba demasiado buena para ser verdad. La tarjeta de crédito le daría algo de tranquilidad para poder pagar sus cuentas y las cuentas de su madre. Estaba seguro de recibir un aumento de sueldo y creyó que podría con los pagos extra.

El agente le pidió la información necesaria para obtener la nueva tarjeta de crédito, Jim respondió todas las preguntas, entonces el agente le pidió que tomara uno de sus cheques y le pidió que le leyera todos los números que aparecen en la parte de abajo. Cuando Jim preguntó para que necesitaba esa información, el agente le dijo que era necesario para asegurarse de que Jim calificaba para la oferta. Él les dio toda la información y el agente lo felicitó por que a partir de ese momento su crédito mejoraría.

Colgó el teléfono y volvió a pensar en sus compañeros de trabajo que lo miraban complacidos aquel día. Seguro que si fuera dueño de su propia casa les agradaría aún más. Dos goles en el partido de futbol eran geniales, pero tener casa propia era mejor.

Después de varias semanas Jim se preguntaba qué había ocurrido con la tarjeta de crédito, se suponía que la iban a enviar dos semanas después, pero no había recibido nada. No tenía el número de la compañía que lo había llamado, así que no le quedaba más que esperar.

Dos meses después, Jim recibió la noticia de que su cuenta de cheques estaba sobregirada. No entendía porque, si no había gastado dinero fuera de sus necesidades básicas o las cuentas médicas de su madre. ¿Cómo podía estar sobregirada?

Llamó al banco para ver que había ocurrido. El representante de servicio al cliente le informó que no hacía mucho, había autorizado un retiro de $150 a la semana.

Jim dijo que no sabía de lo que le estaba hablando y pidió una explicación. El representante le informó que los retiros semanales estaban a su nombre, con la información de su cuenta y el monto. Y a diferencia de un cheque regular, la firma no era necesaria. Los retiros sumaban un total de $750. ¿Qué no sabía nada al respecto?

Jim se molestó y quiso saber porqué el banco permitía que alguien retirara dinero de su cuenta sin su permiso.

Amablemente el representante le informó que no hacían eso, habían recibido la información necesaria y correcta, alguien en efecto tuvo su permiso. Jim se puso furioso y dijo que no le había dado permiso a nadie de tocar su cuenta. El representante se mantuvo tranquilo, ya había pasado por esto antes, le preguntó a Jim si le había dado su información a alguien.

Jim recordó entonces la llamada de la tarjeta de crédito. En ese momento le parecía curioso que le solicitaban la cuenta de cheques y ahora sabia porque.

El representante del banco fue de mucha ayuda, hizo arreglos para evitar cargos futuros, le dio el número de la oficina del fiscal general para reportar el fraude y, quizá, recuperar su dinero, si alguna vez atrapaban a los criminales. Le confirmaron lo que ya sabía: nunca de su información bancaria por teléfono.

El fraude automático de crédito desafortunadamente ocurre con mucha frecuencia. Gente sin escrúpulos está a la caza de consumidores como Jim todos los días. Sus promesas van desde ofrecer tarjetas de crédito a personas con un historial crediticio poco favorecedor, hasta obsequios de valor para un grupo selecto de ganadores. Todo lo que se necesita es alguna información básica, la información confidencial de su cuenta de cheques.

Una señal de estafa es cuando el agente de telemarketing, pregunta si tiene cuenta de cheques. Si no cuentas con una, ellos seguirán con la siguiente víctima. Si tiene cuenta le harán una oferta que no podrá rechazar y así, sin su firma, empezar a asaltar su cuenta.

¿Estos retiros, son en sí mismos ilegales? No. Muchas personas hacen los pagos de sus hipotecas o de sus carros a través de cargos automáticos a sus cuentas de cheques. Desde ese punto de vista, es incluso conveniente.

Aún si está seguro de que trabajar con una compañía de buena reputación, debe tener cuidado. Una vez que tienen la información de su cuenta de cheques, puede ser muy difícil cancelar los retiros automáticos. La ley permite que los agentes de telemarketing graben su autorización para tener acceso a su cuenta de cheques por teléfono. No permita que esto ocurra, aún si la ley lo permite, hay una gran posibilidad de que ocurra un fraude.

Insista en que todos los permisos deben otorgarse por escrito y en que le envíen los formularios necesarios. Léalos con cuidado y entienda las transacciones y compromisos antes de enviarlos de regreso.

Y recuerde nunca, nunca de su información de cuenta de cheques por teléfono.

Comenzar de nuevo

Otra estafa para separarlo de su dinero funciona de la siguiente manera:

Gwen y Horace llevaban una vida interesante. Gwen nació y se crió en Rhyl un pequeño puerto galés, buen lugar para vacacionar cuarenta kilómetros al oeste de Liverpool. Su familia conocía a la familia de George Harrison y, conforme ellos empezaban a tocar en pequeños clubs, en Liverpool, se hizo amiga de todos los integrantes de los Beatles

Gwen era buena para los números. En la escuela entendía los problemas matemáticos inmediatamente, podía ver patrones e inconsistencias matemáticas con sorprendente rapidez. Su consejero escolar le aconsejó estudiara ciencias, matemáticas o quizá contaduría pública. Pero su familia la necesitaba en la empresa familiar, así que se convirtió en contable.

Gwen siguió en contacto con George y los Beatles mientras se convertían en la sensación mundial. Los veía en Liverpool o en Rhyl de vez en cuando y estaba feliz por su éxito. Conforme la banda se convirtió en un negocio y su música en un activo para los fabulosos cuatro, ellos necesitaron de alguien que diera seguimiento a todo. George sabía que Gwen era buena con los números y le preguntó si iría a Londres a ayudarlos con la contabilidad. Su familia se dio cuenta de que se trataba de una buena oportunidad, así que Gwen se mudó a Londres y empezó a trabajar con los Beatles en la corporación Apple, llevando el registro de todos los pagos de regalías.

Las declaraciones de regalías de las empresas editoriales y medios de comunicación parecían jeroglíficos que enmascaraban errores y tergiversaciones, eran intencionalmente vagas y difíciles de descifrar. Ringo ni siquiera miraba los libros. Pero Gwen aprendió a leerlos y a trabajar con ellos para recuperar millones y millones de dólares que de otro modo, la banda habría perdido. John la llamó, el quinto Beatle.

Gwen conoció a Horace en Londres durante una desagradable pelea acerca de las regalías. Horace era un estadunidense que vivía en Inglaterra y representaba a una gran casa editorial que había publicado varios libros de los Beatles con gran éxito. Pero las regalías no lo reflejaban. Mientras Gwen presentaba sus reclamos, Horace empezó a sentirse atraído por ella, nunca había conocido una mujer así. Poco tiempo después, estaban casados.

Gwen y Horace se establecieron a las afueras de Londres. Disfrutaban de sus respectivos trabajos y los años pasaron con rapidez. Después, un día ambos se dieron cuenta de que habían trabajado lo suficiente y era tiempo de retirarse Horace estaba cansado de la humedad gris de Inglaterra y quería mudarse al clima soleado de la Florida y Gwen estuvo de acuerdo. Ambos viajaron a Tampa para investigar.

Encontraron una casa ubicada en una comunidad de retiro pero, mientras estaban en proceso de comprar, se presentó un problema.

Ni Gwen ni Horace, tenían crédito establecido en Estados Unidos. Los bancos y los burós de crédito no sabían quienes eran. Si bien tenían un crédito excelente en Inglaterra, este no viajó con ellos a los Estados Unidos, así que no pudieron financiar la casa.

Gwen tomo una decisión ejecutiva. Venderían su casa en Inglaterra y comprarían la casa de la Florida de contado, ya habría tiempo más adelante para establecer crédito. Horace estuvo de acuerdo, los vendedores estuvieron de acuerdo, y así ocurrió.

Una vez establecidos en su nueva casa en Florida, Gwen empezó a establecer su crédito. Abrió una cuenta de banco y solicitó una tarjeta de crédito. El banco le informó que por su falta de historial tendría que empezar con una tarjeta de debito que, dicho sea de paso, no otorga una referencia crediticia. Gwen se marchó con su enojo, otros dos bancos le dijeron lo mismo.

Más tarde ese día, vieron un anuncio en el periódico de una tarjeta de crédito platino. El anuncio prometía que si participaba en el programa tendrían una tarjeta Visa o Master Card, mejores reportes de crédito y muchos otros beneficios financieros. La tarjeta platino costaba $99 y a Gwen, con su nivel de frustración, le pareció razonable. La operadora sugirió que ellos podían hacer el cargo directamente a su cuenta de cheques, pero a Gwen no le pareció buena idea y les dijo que mandaría un cheque.

Una semana después, cuando la tarjeta llegó, a Gwen le pareció que algo andaba mal. Su antena de contadora y detección de errores estaba en alerta. La tarjeta platino por la que pagó $99 dólares sólo le permitía hacer compras de cierto catálogo. Además, dicha mercancía costaba casi el doble de lo que costaba en una tienda regular. Si esa tarjeta era platino, pensó Gwen furiosa, entonces la alquimia existe.

El material que le enviaron, también describía como podía obtener una tarjeta de crédito si pagaba otros $299. Necesitaba hacer un depósito de $2,000 y podría hacer cargos de hasta $1,000. La tarjeta de crédito más cara, es aquella que sólo permite al cliente acceder al 50% del depósito. Para obtener una línea de crédito mayor, se debe depositar más dinero. No se trataba de un programa de tarjetas de crédito, se trataba de una estafa de tarjetas de crédito.

Enfurecida, Gwen llamó al número de quejas. Tenía el prefijo 900 el cual, asumió, era similar a la línea 800 gratuita. Le contestó una grabadora que le daba un número de llamada y le pedía esperar unos minutos. Y entonces escucho la música de los Beatles versión música de elevador, lo que hizo que se enojara todavía más: ¡seguramente no estaban pagando regalías!

Después de un interminable set de canciones, por fin pudo hablar con alguien. Ella exigió saber si el servicio era una estafa y el operador respondió cada una de sus preguntas, con otra pregunta, después de una conversación larga y frustrante, pudo cancelar el servicio.

En su siguiente recibo telefónico, aprendió cual era el significado del prefijo 900. Le habían cargado $3.50 el minuto y habían alargado de manera deliberada la llamada a 45 min, o sea que le costó $157.50 cancelar el servicio de la fraudulenta tarjeta platino.

Gwen tuvo que aprender, a la mala, que no existía una manera ni fácil ni rápida de establecer un crédito en Estados Unidos. Se dio cuenta de que tendría que establecerlo con una variedad de proveedores de crédito nacionales y locales, que con el tiempo le ayudarían a construir su historial crediticio.

Desde luego, tener un perfil establecido de una línea de crédito disponible no le sirve de protección contra las miles de estafas que hay allá afuera.

Cuando entrevisté al fiscal general de la oficina de Nevada, para este libro, me enteré de otra estafa común. Crédito automotriz yo–yo. Coincidentemente, Kristy, una chica de nuestra oficina había sido víctima de esa estafa "legal", hacía solo dos semanas.

Kristy siempre habría querido un auto nuevo. Ella y su marido Edwin habían decidido que era el momento indicado. Un sábado encontraron una buena oferta de una camioneta con un financiamiento bajo del 6%. La persona de la agencia, les dijo que no tendrían problema para obtener el crédito. "Llévense el auto a casa, su crédito está bien". Entonces el martes, el tipo de la agencia los llamó con malas noticias. Su crédito no era suficientemente bueno para calificar al 6%. Y lo mejor que podían ofrecerles era un financiamiento del 14%.

Kristy y Edwin estaban muy molestos. Ya habían manejado el auto nuevo más de 600 kilómetros. En la agencia les dijeron que podían devolver la camioneta si eso era lo que querían. Pero, ¿de verdad querían hacerlo? Edwin quiso saber cómo firmaron un contrato donde se estipulaban los términos del crédito y después simplemente se retractaban, el agente alegremente les informó que el contrato le permitía rescindir la transacción dentro de los siguientes 15 días, si los términos del crédito no se arreglaban. Como un favor hacia ellos, cuando la tasa del 6 % no quedó aprobada, él siguió buscando y encontró un financiamiento del 14%.

Para Kristy la táctica era pura manipulación, el coche ya era suyo. Se manejaba bien y era divertido conducir, lo último que quería era regresarlo, así que ella y Edwin aceptaron a regañadientes el nuevo refinanciamiento.

Neil Rombardo trabaja en la oficina general del procurador de Nevada en la ciudad de Carson, y con frecuencia tiene que lidiar con esquemas de crédito yo–yo. Lombardo explica que ese esquema es "legal" ya que el contrato permite al concesionario rescindir el contrato en caso de que el crédito no sea aprobado, y la ley no prohíbe ese tipo de transacciones. Curiosamente, mientras que el concesionario tiene 15 días para cancelar el contrato, el comprador no tiene ese derecho.

Rombardo señala que si bien, de mala gana, aceptan el nuevo refinanciamiento, hay quienes están lo suficientemente molestos para devolver el carro. Es revelador (y no es de sorprender) que al día siguiente, los concesionarios los llamen nuevamente para decirles que, ha ocurrido un milagro y lograron reducir el financiamiento al número original, así que el carro es suyo.

Para evitar la estafa yo–yo, asegúrese de alinear el financiamiento con su banco antes de comprar un auto nuevo. Si por alguna razón se encuentra en este caso, presente la queja respectiva.

Robo de identidad

De la misma manera que muchos grupos organizados –desde estafadores de tarjetas de crédito que se anuncian de manera nacional, hasta concesionarios de autos sin escrúpulos– abusan sistemáticamente de los consumidores, hay individuos que se dedican a robar la identidad y el buen historial de crédito que conlleva.

El robo de identidad es una estafa personal, y puede provenir de personas cercanas a usted.

Jeffrey tenía un problema de drogas. Trataba de que nadie a su alrededor se diera cuenta pero era adicto a la cocaína, y sus amigos más cercanos y familia estaban al tanto. No pudieron ignorar los signos más obvios, mejillas y ojos ahuecados, la contracción nerviosa de sus manos y que siempre estuviera sorbiendo por la nariz.

Jeffrey era un hombre grande acostumbrado a salirse con la suya. Era el mayor de tres hermanos y sabía como intimidar a los demás para hacer lo que quería. Había usado cocaína de manera recreativa con amigos desde la universidad y, en esos días, todos estaban de acuerdo en que era una buena droga para socializar, además, muchas mujeres se sentían atraídas por Jeffrey pues, gracias a la cocaína, podía seguir la fiesta toda la noche. La droga lo hacía sentir vivo. Siempre le había gustado conversar, pero cuando usaba la droga su capacidad y habilidad para comunicarse aumentaba.

Sus amigos siguieron adelante. Todos sintieron los efectos negativos de la llamada "droga social" experimentaron el daño infringido a si mismos y que estaban desperdiciando sus vidas.

Sin embargo Jeffrey estaba ya muy involucrado, no pudo dejarlo y pronto se encontró en una espiral descendente donde cada vez necesitaba más y más dinero para financiar su terrible hábito, mientras tanto, se volvía cada vez menos apto para trabajar.

Nunca nadie lo confrontó, siempre había hecho lo que quería, y su familia no estaba preparada para lidiar con un problema de esa magnitud, sólo quedaba esperar que él decidiera dejarlo. Sus amigos, cansados de que les pidiera dinero, que nunca pagaba, se alejaron de él. Justo en el momento en que más ayuda necesitaba, Jeffrey se estaba quedando solo.

Su más reciente trabajo era como representante de una aseguradora, en el departamento de reclamos. No podía platicar con las personas. Sus clientes nunca supieron que tenía un problema, nunca lo vieron en persona, ni hablaron con él lo suficiente para conocer su triste verdad.

Pero sus compañeros de trabajo pronto se dieron cuenta.

Su trabajo en el departamento de reclamos no le daba lo suficiente para pagar su caro hábito, que desde luego era más importante que pagar la renta, la comida o cualquier otra cosa. Necesitaba ganar más dinero.

Jeffrey sabía que muchos de sus compañeros del departamento de reclamos hacían algunos trabajos personales con sus computadoras en horas de oficina. Algunos intercambiaban acciones de sus propias cuentas en el mercado de valores, incluso hacían bromas en la sala de descanso acerca de sus errores y aciertos.

Un día Jeffrey se quedo hasta tarde, necesitaba desesperadamente dinero para comprar algunos gramos de cocaína. Su razonamiento fue, que si sus compañeros trabajaban en sus negocios personales en la oficina, lo que él haría estaba justificado. Cuando todos se fueron, entró a la computadora de uno de sus compañeros. Fue muy fácil entrar a la cuenta del corredor de bolsa, estaba a sólo un clic de distancia y la computadora estaba programada para recordar las contraseñas de manera automática. Trabajó rápido en la primera computadora y continuo con la siguiente. En menos de diez minutos Jeffrey tenía información importante acerca de las cuentas de intercambio de acciones de tres de sus compañeros. De inmediato volvió a casa a trabajar en su propia computadora y una hora más tarde, asalto las cuentas de sus amigos desde la comodidad de su hogar. Y antes de que sus compañeros de trabajo lo notaran, él ya volaba alto con cocaína de la mejor calidad.

A Jeffrey le gustó la facilidad con la que había "recaudado fondos". Él, como otras personas sin escrúpulos, se convirtió en un ladrón de identidad, y así comenzó su búsqueda de nuevas oportunidades. En una de las pocas ocasiones en que su familia lo invitó a una reunión, se estacionó afuera de la modesta casa de su tío justo cuando llegó la correspondencia, así que decidió ser un sobrino considerado y llevar adentro el correo. Entonces notó que su tío había recibido una nueva chequera, le pareció que esta era una buena oportunidad y sin que nadie lo notara, guardó la nueva chequera en la cajuela de su auto.

Después de la reunión familiar Jeffrey salió a satisfacer su hábito.

A través de un amigo del tipo que le vendía la droga, había conocido a un hombre que hacia identificaciones falsas. Era un mercado en auge, había mucha gente involucrada en el robo de identidad. De tal modo que fue muy fácil hacer una identificación falsa con datos de su tío pero con la foto de Jeffrey. Con la identificación falsa y los cheques, estaba listo para drenar la cuenta de su tío, cambió cheques por dinero en un casino indio cerca de su casa.

La sorpresiva pérdida de dinero en su cuenta de cheques, provocó muchos problemas financieros al tío de Jeffrey. Estuvo a punto de perder su casa y tenía una gran cantidad de multas por pagos retrasados y cheques rebotados. Revisando los cheques, la familia supo que todo era trabajo de Jeffrey.

Fue en esté punto que la familia finalmente lo confrontó por su problema de drogas. Sabían que no iban a gastar una gran cantidad de dinero en una elegante clínica de rehabilitación. Lo hicieron a la vieja usanza. Usaron cloroformo para que perdiera el sentido, sus dos hermanos menores lo trasladaron al sótano de una de sus casas. Estaba esposado a una correa en la pared de tal modo que pudiera acceder a una cama y al baño. El síndrome por abstinencia de cocaína no es agradable, ni bonito, pero después de lo que le había hecho a su tío, a nadie le preocupo que la pasara mal.

Cuando todo terminó, Jeffrey estaba limpio. Por cuanto tiempo, nadie lo sabía.

Con frecuencia se dice que el robo de identidad es el crimen de mayor crecimiento en Estados Unidos.

Existe una buena posibilidad de que alguien a quien ames, comprometa tu información personal, y quizá lo haga para solicitar un crédito o incluso ser el beneficiario de algún servicio medico bajo tu nombre. Algo aún más perturbador: niños y estudiantes de universidad también son víctimas. En el caso de los niños, son los miembros de la familia que tienen muy mal historial crediticio, quienes utilizan la información de los niños para conseguir líneas de crédito. Sin embargo, si los adeudos no son pagados a tiempo, será el niño quien pague el precio con su historial crediticio. En el caso de los estudiantes universitarios, el hecho de compartir con frecuencia casa con otras personas y mudarse con frecuencia facilita que alguien más asuma su identidad y obtenga tarjetas u otros tipos de crédito.

La mayoría de las víctimas de robo de identidad se enteran de la peor manera, por ejemplo, hacen una solicitud para conseguir una línea de crédito y los rechazan por la información negativa que aparece en su reporte de crédito. O bien, reciben la llamada de una agencia de cobranza para pedir que paguen un adeudo del que no estaban enterados.

Dado el tamaño del problema, es importante que todos sepan cómo evitar ser víctimas del robo de identidad. Los siguientes consejos pueden evitar que se convierta en la próxima estadística.

1. Guarde celosamente su número de seguridad social. Este numero puede darle a la persona equivocada las llaves de su casa. Evite dar esta información por teléfono. En California hay una ley que prohibe a muchas compañías solicitar el número de seguridad social. Si una compañía nacional le pide su número diga que están violando la ley (aún si vive en otro estado). No lleve consigo su tarjeta de seguridad social, guárdela en una caja de seguridad del banco o en otro lugar seguro.

2. Firme las tarjetas de crédito tan pronto como las reciba. Es más difícil para un criminal comprar mercancía si está firmada. Es muy fácil para un estafador firmar una tarjeta, obtener la información necesaria y divertirse con su tarjeta y su identidad.

3. Aún si es la persona más olvidadiza del planeta, no guarde su número de seguridad social o número PIN junto a ninguna de sus tarjetas. De hecho, lo mejor sería que se olvide de hacer eso porque si pierde la tarjeta o se la roban junto con esos números, le facilita la vida al estafador y hará su propia vida miserable.

4. No escriba tampoco ese tipo de información sobre una factura o papel que pueda acabar en la basura, nunca sabe quien podría revisarla.

5. Revise siempre sus facturas para asegurarse de que recibe la correcta y no la de alguien más. Pues esa otra persona podría hacer mal uso de su información.

6. No de ninguna información confidencial o número de cuenta a nadie, a menos de que esté seguro de que habla con las personas correctas y aun así, piense dos veces antes de hacerlo. Como nuestros ejemplos lo han ilustrado, hay muchas solicitudes de información que pudieran parecer inocentes.

7. Cree contraseñas para sus cuentas de banco, tarjetas de crédito y cuentas personales difíciles y únicas. No use información estándar, predecible y fácil de obtener, como el apellido de soltera de su mamá o su fecha de nacimiento. Por favor uses "1,2,3,4", mejor utilice nombres de lugares extraños. Saque su atlas y diviértase. (Si el falsificador tras de usted es experto en geografía, entonces esta en problemas.)

8. Tenga cuidado cuando viaje. Los viajeros de negocios son particularmente vulnerables al robo de identidad porque depositan su confianza en aparatos electrónicos que se pueden extraviar o intervenir. Y las redes inalámbricas en hoteles y aeropuertos son el agosto de sofisticados hackers.

9. Si no recibe sus estados de cuenta de manera regular, contacte a su acreedor de inmediato; quizá alguien esté robando su correspondencia. Lo mismo ocurre, si no la recibe en su casa, sino en un buzón exterior. En ese caso quizá quiera considerar la opción de recibir el correo en algún servicio de correo más seguro.

10. Revise su reporte de crédito de manera regular en busca de actividad sospechosa en su cuenta, cuentas nuevas o desconocidas, así como otros signos de advertencia. Sea proactivo y proteja su crédito y su identidad.

11. Compre una trituradora de papel y utilícela.

Siguiendo estos consejos reduce la posibilidad de ser la próxima víctima de robo de identidad. Y algo ocurre aún siguiendo estos pasos preventivos, necesita saber qué hacer.

La Comisión Federal de Comercio (FTC) se ha involucrado de manera activa en el problema de robo de identidad y sugiere que se tomen las siguientes cuatro acciones.

1. Notifique al departamento de fraude de los burós de crédito que ha sido víctima de robo de identidad. Ya sea que puedas "congelar" su crédito, lo que evita que se utilice su información, a menos que el archivo "se descongele" con un número de identificación personal

PIN, o solicite que se active una "alerta de fraude" en su archivo para advertir a los acreedores y que tomen medidas extras antes de extender una línea de crédito. Si sabe que es víctima de fraude, congelar la información es lo apropiado. Si simplemente está preocupado porque perdió su cartera, una alerta de fraude, es el paso a seguir.

2. Llame a sus acreedores, incluyendo los prestadores de servicios, la compañía de teléfono celular, la compañía de tarjetas de crédito y similares, y pida hablar con un representante del departamento de fraudes (o de seguridad). Averigüe si alguna de las cuentas ha sido manipulada o si se aperturaron cuentas nuevas. Cierre cualquier cuenta que haya sido intervenida y abra una cuenta nueva con una contraseña nueva y diferente.

3. De aviso a la policía de la ciudad donde vive y, si aplica, de la ciudad donde ocurrió el robo de identidad. Todos sabemos lo útil que puede resultar una denuncia. ("Oh, veo que esto no tiene ninguna relación con drogas. Nosotros le llamaremos") Una de cada mil veces, las autoridades locales hacen algo, pero quizá usted sea el afortunado. Además, los acreedores pueden solicitarle un reporte si dice que se ha hecho mal uso de sus cuentas o de su información.

4. Monitoree tu reporte de crédito en busca de actividad inusual. Este es el caso en que pagar un servicio de monitoreo de crédito que lleve un registro de su información, podría valer la pena.

Como mencionamos la FTC está muy interesada en este problema creciente. Han abierto una línea especial para reportes 1-877-IFTHEFT (1-877-438-4338). También puede presentar una queja en línea: consumer.gov/idtheft. Puede encontrar mayor información en: IdentityTheft911.com.

Finalmente, juntemos toda está información para convertirlo en un ganador...

Capítulo dieciocho

Ganar con el crédito

Hemos revisado mucha información acerca de la manera en que trabaja el sistema de crédito. Ahora es tiempo de reunirla toda. Hay varios principios básicos para usar la deuda buena a su favor. Aprender estos principios será una parte crítica de convertirse en una persona financiera independiente.

#1: Tenga un objetivo positivo. Querer salir de sus deudas es una meta negativa, implica no querer algo: deuda. Pero la construcción de la riqueza es una meta positiva y que motiva mucho más. Así que mientras trabaja en su plan para salir de deudas, elabore un plan para incrementar su flujo de efectivo y así alcanzar su meta positiva. No pierda de vista su objetivo real.

#2: Viva como rico, aun si no lo es. El Padre Rico de Robert Kiyosaki nunca dijo que debía ser tacaño para alcanzar sus metas. De hecho le dijo a Robert que no entendía porque la gente era tan tacaña. "Puedes volverte rico siendo tacaño. Pero el problema es que aun cuando seas rico, seguirás siendo tacaño". En lugar de eso, aconsejó a Robert que investigara qué era lo que deseaba, supiera cuanto costaba y tomara la decisión de si quería o no, pagar el precio.

Saldar sus deudas le enseñará acerca de usted mismo. Cuando su objetivo final, la creación de riqueza, se convierte en algo más importante que las cosas en las que gasta el dinero, entonces encontrará el camino.

Lea libros acerca de cómo volverse rico. Inicie su propio grupo de expertos. Piense detenidamente en lo que está haciendo y acerca de lo que puede hacer para evitar enfocarse en los aspectos negativos de su situación actual. Aprender de personas más ricas le ayudará a fijarse metas mucho más altas.

#3: Debe saber cuándo cortar sus pérdidas. A las personas buenas les suceden cosas malas. Las personas responsables y cariñosas se enferman, pierden sus empleos, se divorcian, incluso se declaran en bancarrota. Pero en algún momento debe tomar la decisión de seguir adelante. Es trágico ver cómo las personas acaban con lo poco que les queda en su fondo de retiro para pagar una tarjeta de crédito o salvar su puntaje de crédito. Es terrible ver cómo las personas pierden sus casas porque no están dispuestas a enfrentar la realidad de su situación.

Muchos de los más importantes éxitos financieros de este país han ocurrido gracias al fracaso personal, bancarrota incluida, y luego pasaron a amasar grandes fortunas y a contribuir a causas importantes. No importa si se trata de declararse en bancarrota, entrar a un programa de negociación de deuda o vender su casa para evitar el embargo, si está en crisis, haga lo que tenga que hacer y siga adelante.

#4: Si de crédito se trata, sea inteligente. Empiece por leer las letras pequeñas de sus estados de cuenta y los contratos de sus tarjetas de crédito. Aprenda a conseguir tasas de interés más bajas, busque explicaciones para los términos que no entienda. El dinero que ahorre puede usarlo para generar muchos más dividendos en el futuro.

#5: Conozca la diferencia entre la deuda buena y deuda mala. La deuda buena ayuda a sacar ventaja de su vida financiera creando activos. La deuda mala hace que termine gastando mucho más dinero en cosas que, para cuando pague la deuda, quizá ya ni siquiera tenga. Antes de contraer nueva deuda, pregúntese si es buena o mala.

#6: Aprenda acerca del crédito empresarial. Este libro trata del crédito personal, aunque muchos de los temas aplican también para dueños de negocios. Pero también hay otro libro de crédito empresarial que involucra reportes empresariales de tarjetas de crédito, así como otras agencias de reporte, estrategias y matices especiales. Si es dueño de negocio, o planea serlo, mi libro *El éxito del Crédito Empresarial: Tome la Vía Rápida,* le mostrará cómo hacerlo.

Conclusión

Como hemos aprendido con este libro, puede salir de sus deudas y ganar gracias al sistema de crédito. Millones de personas lo han hecho antes que usted, y con suerte será uno de los muchos millones que lo lograrán en el futuro.

Con un objetivo positivo, una idea clara de la diferencia entre deuda buena y deuda mala, y aprovechando la sección de Recursos que viene a continuación, usted también puede ganar.

Buena suerte.

Apéndice A

Cartas de muestra

Carta muestra a una agencia de cobranza
para solicitar la verificación del adeudo

Su nombre y dirección

Fecha

Nombre y dirección de la agencia de colocación

REF: Número de cuenta (enliste los números de cuenta, si es el caso)

Estimado Señor o Señora,

Me enteré recientemente que tengo un adeudo por un monto de $ (enliste los montos del adeudo).

Me parece que el adeudo es incorrecto (no reconozco esta deuda, etcétera). Por favor solicito me envíen la comprobación escrita del monto.

Atentamente,

Su nombre

Carta de muestra a una agencia de cobranza solicitando que dejen de contactarle

Su nombre y dirección

Fecha

Nombre y dirección de la agencia de cobranza

REF: Número de cuenta (enliste los números de cuenta)

Estimado Señor o Señora,

Me han contactado de su agencia con motivo de la deuda por un monto de $(Anote el monto de la deuda) con (nombre de su acreedor original).

Solicito que dejen de contactarme. (Puede elegir dar una razón: como ya he señalado, no debo esa cantidad; por el momento no puedo pagar esta deuda; me parece que esta deuda ya expiró; etcétera)

Gracias,

Su nombre

Carta muestra a una agencia de cobranza para liquidar adeudos

Su nombre y dirección

Fecha

Nombre y dirección de la agencia de cobranza

REF: Número de cuenta (enliste los números de cuenta)

Estimado Señor o Señora,

Me han contactado de su agencia con motivo de la deuda por un monto de $(Anote el monto de la deuda) con (nombre del acreedor original).

El día de hoy llegamos al acuerdo de que si hago un pago $ (la cantidad acordada para liquidar la deuda) esta deuda será considerada como pagada por completo. Le solicito que notifique al acreedor lo antes posible que no existe un balance adeudado, así mismo le solicito notifique a las agencias de crédito (ya sea que la deuda haya sido saldada sin un balance pendiente, o que esta información será eliminada de su expediente de buró de crédito).

Una vez que haya recibido la confirmación por escrito de nuestro acuerdo, realizaré el pago correspondiente.

Atentamente,

Su nombre

Carta muestra a una agencia de cobranza para arreglo de pagos

Su nombre y dirección

Fecha

Nombre y dirección de la agencia de cobranza

REF: Número de cuenta (enliste los números de cuenta)

Estimado (Nombre de la agencia o acreedor),

Su agencia me ha contactado respecto del monto del adeudo que asciende a $ (enliste los montos) con (el acreedor original).

Como ya lo hemos discutido, dada mi situación financiera actual, estoy haciendo un esfuerzo por pagar la deuda tan pronto como sea posible.

Hemos acordado que pagaré $ (cantidad) cada (mensualmente, u otro periodo de tiempo). He incluido el primer cheque de acuerdo con nuestro arreglo. Si no está de acuerdo con esto, por favor devuelva dicho cheque y contácteme para llegar a otro acuerdo.

Atentamente,

Su nombre

Carta muestra a una agencia de reporte de crédito para presentar una queja por información incorrecta

Nota: si su letra es legible, escriba a mano

Su nombre y dirección

Los últimos cuatro dígitos del número de seguridad social

Su número de reporte de crédito

Fecha

Nombre y dirección de la agencia de reporte de crédito

Estimado Sr. o Sra,

Me gustaría presentar una queja acerca de las siguientes cuentas que aparecen en mi reporte de crédito: (Enliste los detalles de las cuentas)
Me temo que (elija una de las siguientes declaraciones o modifíquela de acuerdo a sus necesidades: no es mi cuenta, legalmente ha expirado y no puede ser reportada, tiene un balance incorrecto, nunca presentó un retraso, está completamente pagada, etcétera.)
Por favor le solicito haga las investigaciones pertinentes, le agradeceré su pronta respuesta.

Atentamente,

Su nombre

Carta muestra a un acreedor para presentar una queja por información incorrecta en un reporte de crédito

Nota: si su letra es legible, escriba a mano

Su nombre y dirección

Su número de seguridad social

Su número de cuenta (si lo tienes)

Fecha

Nombre y dirección del acreedor

Estimado Sr. o Sra,

Me gustaría presentar una queja acerca de las siguientes cuentas que aparecen en mi reporte de crédito (Experian, Equifax y/o TransUnion): (Enliste los detalles de las cuentas)

Me temo que (elija una de las siguientes declaraciones o modifíquela de acuerdo a sus necesidades: no es mi cuenta, legalmente ha expirado y no puede ser reportada, tiene un balance incorrecto, nunca presentó un retraso, está completamente pagada, etcétera.)

Le solicito haga las investigaciones pertinentes, le agradeceré su pronta respuesta.

Atentamente,

Su nombre

Apéndice B

Hojas de trabajo

Hojas de trabajo para registro de gastos

Gasto	Cantidad Presupuestada	Real
Ingreso mensual		
Fuente		
Fuente		
Fuente		
Ingreso Total:		
Impuestos		
Federal		
Estatal		
Propiedad personal		
Otro:		
Impuestos Total:		
Gastos de casa		
Hipoteca o renta		
Impuestos de propiedad		
Dueño de casa / seguro de arrendatario		
Electricidad		
Gas		
Agua		
Recolección de basura		
Otros servicios		
Tarifa de mantenimiento		
Jardinería		
Limpieza		
Mantenimiento/ Reparaciones		

Sistema de alarmas		
Teléfono-servicio local		
Teléfono-servicio de larga distancia		
Celular		
Otro:		
Otro:		
Gastos Total:		
Automóvil (bote o motocicleta)		
Pago de auto 1		
Gasolina auto 1		
Mantenimiento auto 1		
Reparaciones auto 1		
Pago de auto 2		
Gasolina auto 2		
Mantenimiento auto 2		
Reparaciones auto 2		
Pago de auto 3		
Gasolina auto 3		
Mantenimiento auto 3		
Reparaciones auto 3		
Estacionamiento		
Transporte público		
Otro		
Otro		
Autos Total:		
Alimentos		
Despensa		
Comidas en el trabajo		
Botanas		
Luch de los niños		
Comida para llevar		
Comida rápida		
Comidas fuera		
Café/ bebidas		
Otro:		
Otro:		
Alimentos Total:		
Educación		
Colegiaturas		
Libros		
Insumos		
Otro:		

Otro:		
Educación Total		
Salud		
Visitas al médico /co-pagos		
Servicios de bienestar		
Medicamentos prescritos		
Medicamentos de mostrador		
Dentista		
Visión (lentes de armazón y de contacto incluidos)		
Suplementos		
Otro:		
Salud Total		
Entretenimiento		
Películas /Conciertos		
Renta de películas		
Televisión por cable		
Servicio de internet		
Eventos deportivos		
Libros		
Suscripciones de revistas		
CD's /Música		
Fiestas de cumpleaños		
Celebración de fiestas		
Otro:		
Otro:		
Entretenimiento Total		
Seguro		
Incapacidad		
Vida		
Crédito		
Auto		
Salud		
Propietario de casa		
Seguro privado de hipoteca		
Póliza de cobertura total		
Seguro de barco		
garantía extendida		
Otro:		
Otro:		
Otro:		
Seguro Total		

Mascotas		
Comida		
Gastos médicos		
Suministros		
Aseo		
Otro:		
Mascotas Total		
Ropa		
Atuendos para el trabajo		
Atuendos regulares		
Medias / calcetines		
Ropa interior /lencería		
Zapatos /accesorios		
Joyas		
Tintorería / Arreglos		
Ropa Total		
Cuidado Personal		
Cortes de cabello/ permanentes / tintes		
Manicure /pedicura /depilación		
Membresía de gimnasio /clases de ejercicio		
Maquillaje		
Artículos de tocador		
Otro:		
Otro:		
Cuidado Personal Total		
Cuidado de los niños		
Guardería /Colegiatura		
Extra curricular		
Niñera		
Juguetes		
Regalos		
Campamento de verano		
Ropa		
Dinero para gastar		
Otro:		
Otro:		
Cuidado de los niños Total		
Vacaciones		
Avión / Gasolina		

Alojamiento		
Alimentos		
Recuerdos		
Regalos		
Otro:		
Otro:		
Vacaciones Total		
Fiestas		
Regalos		
Decoración		
Entretenimiento		
Otro:		
Otro:		
Fiestas Total		
Beneficencia		
Iglesia / Sinagoga / Casa de adoración		
Otro:		
Otro:		
Otro:		
Beneficencia Total		
Misceláneos		
Cigarros		
Pasatiempo		
Otro:		
Otro:		
Otro:		
Otro:		
Misceláneos Total		

Fuente: Soluciones de Crédito Inc. Reimpreso con permiso

Hoja de trabajo, Deuda

Acreedor	¿Deuda buena?	TPA %	Nueva TPA	Balance	Pago mínimo

Pago Total Mensual: _____

Como usar la hoja de trabajo

Saque copias de esta tabla porque deberá actualizarla de manera periódica.

Acreedor: Haga una lista de todos sus acreedores en la primera columna.

¿Deuda buena o deuda mala? Escriba "Buena" en la columna de deuda buena; "Mala" en la de deuda mala. Pagar la deuda mala debe ser su prioridad.

T.P.A.: (APR): Enliste las tasas de interés. Si su tarjeta de crédito tiene balances con diferentes tasas de interés, debe aparecer una tasa de interés efectiva, escríbala aquí.

Nueva T.P.A.(APR): Cuando llame para negociar una tasa de interés más baja, anote la nueva tasa en este espacio. Si no logra negociar de manera exitosa, ponga una paloma que indique que por lo menos intentó, pero pruebe de nuevo una vez que haya disminuido algunos de sus adeudos.

Balance: Haga una lista de sus balances actuales. Deje de hacer cargos a la deuda mala.

Pago mínimo: Haga una lista de los pagos mínimos requeridos.

Una vez que haya completado esta lista, es momento de elegir qué estrategia de eliminación de deuda prefiere: 1) primero eliminar la deuda mala, con más altos intereses, para así ahorrar la mayor cantidad posible en intereses durante el periodo que dure esa deuda; 2) el método Robert y Kim Kiyosaki: pagar primero las deudas con menor balance para ver resultados rápidos en su plan de eliminación de deuda (vea Capítulo 4). Ahora subraye la deuda que sea su objetivo y que pagará primero. Una vez que la hayas pagado, continúe con la siguiente, y la siguiente, hasta que quede libre de deuda. Y ahora empiece a construir su riqueza.

Apéndice C

Recursos

Recursos para el Éxito

Visite CorporateDirect.com/credit para encontrar Recursos actualizados que le ayuden a implementar los consejos de este libro.

Construyendo Crédito Empresarial

Aprenda a establecer un historial de crédito empresarial fuerte y construya una estrategia ganadora que satisfaga sus necesidades financieras. Lea *El éxito del Crédito Empresarial: Tome la Vía Rápida*. Le mostrará cómo hacerlo.

Asesoría

Servicio de Asesoría de Crédito: Para una referencia visite CorporateDirect. com/credit.

Deudores Anónimos: Opera bajo los mismos principios de Alcohólicos Anónimos. DA, ayuda a deudores crónicos a evitar que sigan endeudándose. Para saber si hay un grupo en su área u obtener mayor información, escriba a: Deudores Anónimos, Oficina de Servicios Generales, P.O. Box 920888, Neeham, MA 02492-0009. Tel: 781-453-2743; Fax: 718-453-2745; o visite debtorsanonymous.org.

Negociación y liquidación de deuda: Para conseguir los datos de una empresa, visite CorporateDirect.com/credit.

Instituto de Recuperación de Financiera: Asesoría de Recuperación Financiera, es un proceso estructurado que ayuda a los clientes a transformar su relación con el dinero. Busca tratar a la persona como un "todo", incluyendo la historia del cliente con el dinero y las emociones relacionadas. Visite financialrecovery.com.

Ayuda con casa habitación: Para una referencia de una compañía que pueda ayudar con opciones de hipotecas que pueda costear, o refinanciar una propiedad, visite CorporateDirect.com/credit.

Agencias de Reporte de Crédito

Puede solicitar una copia de su reporte de crédito de cada una de las agencia de reporte de crédito una vez al año en: AnnualCreditReport.com.

Agencias de cobranza

Las Respuestas a las Agencias de Cobranza: Cómo usar las leyes para Proteger sus Derechos, es un libro electrónico escrito dos personas que pretende educar al consumidor, Gerri Detweiler y Mary Reed. Para mayor información visite: DebtCollectionAnswers.com.

Debt Blaster

Puede obtener una copia del software Debt Blaster a través de CorporateDirect.com.

Agencias gubernamentales

La Agencia Federal de Protección Financiera al Consumidor, (CFPB, por sus siglas en ingles) regula muchos productos de servicios financieros y vigila que se cumplan las regulaciones de protección al consumidor. Visite ConsumerFinance.gov para mayor información.

La Comisión Federal de Comercio: Contacte a la FTC (por sus siglas en inglés) en FTC.gov o 1-800-FTC-HELP si necesita ayuda con el sitio de internet, telemarketing, robo de identidad, así como otras quejas de fraude. Use su página web para encontrar toda la información necesaria o para leer las leyes de protección al consumidor.

Hijos y Dinero

La educación financiera es una habilidad esencial para los hijos. Sin embrago, la mayoría aprende a través de los golpes de la vida. Si quiere aprender cómo apoyar su educación financiera, visite jumpstart.org.

La radio

Escuche Talk Credit Radio en la página GerriDetweiler.com para conocer información verdadera acerca de estrategias de crédito y deuda.

Préstamos estudiantiles

El servicio del ombudsman del Departamento de Educación puede ayudarle si es que ha agotado sus opciones y no puede pagar su préstamo, visite: Ombudsman.ed.gov.

Otros sitios de internet que ofrecen excelente información acerca de este tema, incluso si ha dejado de pagar, son: Finaid.org y StudentLoanBorrowerAssistance.org.

ForgiveStudentLoanDebt.com y StudentLoanJustice.org son iniciativas que buscan captar la atención nacional sobre los problemas relacionados con préstamos estudiantiles.

IBRinfo.org ofrece calculadoras y herramientas que le ayudarán a saber si es elegible para un programa de pagos basándose en su ingreso.

The Project on Student Debt es una iniciativa del Institute for College Access & Success, una organización independiente de investigación sin fines de lucro, cuyo objetivo es hacer la educación universitaria asequible para personas de todos los niveles sociales. Visite: Projectonstudentdebt.org.

Páginas Web

A continuación encontrará útiles sitios web adicionales. Para actualizaciones, visite CorporateDirect.com/credit.

CallforAction.org es una organización internacional sin fines de lucro, una red de líneas directas afiliadas con la televisión local. Profesionales trabajan como voluntarios ayudando a los consumidores a través de mediación y educación para que puedan resolver sus problemas con negocios y gobierno.

CardRatings.com: Provee información acerca de tarjetas de crédito con tasas de interés baja, con garantía, así como otras tarjetas de crédito.

Consumer-Action.org: Podrá obtener una lista gratuita de tarjetas garantizadas, una lista de tarjetas de crédito con tasa de interés baja y diversas publicaciones, gran utilidad, en varios idiomas. (Nota, debe usar un guión entre las palabras "consumidor" y "acción" para llegar al sitio correcto.)

ConsumerFed.org: la Federación de Consumidores de Estados Unidos, cabildea en favor de los derechos de los consumidores, además ofrece folletos sobre cómo ahorrar dinero, comprar una casa, administrar deudas, resolver quejas de los consumidores, etcétera.

ConsumerWorld.org es un sitio con información útil para el consumidor sobre cómo ahorrar dinero.

Credit.com es un sitio gratuito que puede ayudarle a encontrar una tarjeta de crédito, monitorear sus reportes y puntuaciones de crédito y a responder sus dudas acerca del crédito.

DebtConsolidationCare.com es la primera comunidad para deudores. En este sitio, experimentados moderadores responden a las miles de preguntas de una comunidad que trabaja para salir de deudas, y lo hacen de manera gratuita.

FinancialRecovery.com: ¿Necesita ayuda paso-a-paso para salir de deuda y que sus finanzas retomen su curso? El Instituto de Recuperación Financiera le ofrece el nombre de un asesor experimentado como referencia. Este no es un sitio de planeación financiera ni una firma de asesoría financiera, sino que llena el espacio entre las dos anteriores.

Fraud.org: Es la casa del Centro Nacional de Información de Fraudes, y ofrece a los consumidores la información necesaria para evitar convertirse en víctima de fraude por telemarketing o internet, también ayuda a llevar sus quejas a las agencias de gobierno correspondientes de manera fácil y rápida. Si tiene sospechas de un fraude por internet o telemarketing, visite de inmediato el sitio y llene un formato de queja.

GerriDetweiler.com ofrece podcasts gratuitos de una gran variedad de temas relacionados con el crédito, con la locutora de radio y experta en crédito Gerri Detweiler. (Gerri también contribuyó como asesora para este libro.)

GetOutOfDebt.org es un sitio dirigido por Steve Rhode, quien solía dirigir una exitosa agencia de asesoría de crédito. Él ayuda a personas, de manera gratuita, a detectar fraudes y ofrece opciones para lidiar con los adeudos.

NCLC.org. El Centro Nacional de Leyes para los Consumidores, pública libros útiles y manuales legales para abogados y asesores que ayudan a los consumidores. Su libro, *Sobrevivir a las deudas (Surviving Debt)*, es una guía valiosa si se encuentra en problemas financieros graves.

Stretcher.org. Dollar Stretcher ofrece información y estrategias para ahorrar dinero y es uno de los primeros sitios especializados en hacer rendir el dinero.

TheCollegeSolution.com brinda consejos a padres y estudiantes que quieren evitar incurrir en deudas enormes por el costo de la educación universitaria.

AskLizWeston.com aquí encontrará consejos de la escritora #1 de finanzas personales en la web, Liz Weston. También es autora de *Su puntaje de crédito: Cómo mejorar los tres dígitos que dan forma a su futuro financiero (Your credit Score: How to Improve the 3-Digit Number That Shapes Your Financial Future)*.

DebtProofLiving.com es una comunidad que ofrece apoyo y herramientas para salir de deudas. Su fundadora Mary Hunt debió pagar $100,000 dólares en deuda de tarjeta de crédito.

Para obtener una lista actualizada de páginas web, visite CorporateDirect.com/credit.

PAGARÉ*

$ [CANTIDAD]
[FECHA DEL PAGARÉ]

Por la suma recibida, [Nombre del acreedor] (en adelante el "acreedor"), un individuo [o Tipo de Sociedad] corporación, promete pagar a [Nombre del individuo o de la compañía que presta el dinero], con dirección [del individuo o compañía que presta el dinero] (en adelante el beneficiario), la suma de [la cantidad prestada] en moneda de curso legal en [País] en la fecha de vencimiento [Fecha en meses/semanas, etcétera] a partir de la fecha de esté pagaré, [OPCIONAL, junto con el interés de la suma principal a una tasa del ___% anual, compuesta.] El acreedor se reserva el derecho de hacer el pre pago sin penalización.

Como garantía del cumplimiento de este Pagaré, el acreedor acepta otorgar al prestatario como garantía toda propiedad inmueble que ahora o en el futuro pertenezcan al acreedor [o alguna otra garantía colateral por el préstamo]. A petición del prestatario, el acreedor proporcionará evidencia de dicha garantía, de manera que se pueda comprobar bajo el Código de Comercio.

Todos los recursos anteriormente expuestos u otorgados por ley serán acumulativos y estarán disponibles para el prestatario en relación con este pagaré, hasta que el adeudo haya sido pagado en su totalidad. En caso de controversia, la parte que prevalezca tendrá derecho al reembolso de honorarios de abogados y gastos. La disputa se resolverá en [Distrito, Estado, País, etcétera].

EN FE DE LO CUAL, el acreedor ejecuta el pagaré en la fecha arriba mencionada.

ACREEDOR

_____

Firma

*Este es un ejemplo. Se sugiere buscar el consejo de un abogado al momento de preparar estos documentos.

Índice Analítico

Acerca del autor

Garrett Sutton, Esq; es autor de bestsellers como *Inicie su propia corporación, Administre su propia corporación, El ABC para salir de las deudas, Cómo diseñar planes de negocios exitosos, Comprar y vender un negocio* y *Las lagunas de los bienes raíces* de la serie de Padre Rico - Advisors. Garrett tiene más de treinta años de experiencia ayudando a individuos y negocios a determinar la estructura corporativa apropiada, limitar su responsabilidad, proteger

sus activos e impulsar sus objetivos financieros, personales y de crédito.

Garrett tiene su firma de abogados, Sutton Law Center, con oficinas en Reno, Nevada, Jackson Hole, Wyoming y Rocklin, California. La firma representa a diversas corporaciones, sociedades de responsabilidad limitada, asociaciones y particulares en negocios relacionados con firmas legales y bienes raíces, esto incluye creación de sociedades, contratos, y asesoría legal de los negocios en curso, y la compañía sigue captando nuevos clientes.

Garrett también es dueño de Corporate Direct, que desde 1988 provee protección confiable a bienes y servicios corporativos. Es el autor de *Cómo utilizar compañías de responsabilidad limitada y sociedades limitadas,* que además educa a los lectores acerca del uso correcto de las entidades. Junto con la experta en crédito, Gerri Detweiler, Garrett también ayuda a empresarios a construir crédito empresarial. Por favor consulte CorporateDirect.com para mayor información.

Garrett estudió en la Universidad de Colorado y en la Universidad de California en Berkeley, se recibió como Licenciado en Ciencias en Administración de Negocios en 1975. Se gradúo como Juris Doctor en 1978 de Hastings Escuela de Leyes, la Escuela de Leyes de la Universidad de California en San Francisco. Practicó la abogacía en San Francisco y Washington D.C. antes de mudarse a Reno y cerca Lake Tahoe.

Garrett es miembro de la barra de abogados de Nevada, de la barra de abogados de California y la Asociación Estadunidense de Abogados. Ha escrito numerosos artículos profesionales y ha sido miembro del comité de publicaciones de la barra de abogados del Estado de Nevada. Sus escritos han aparecido en *Wall Street Journal*, *The New York Times* y en otras publicaciones.

A Garrett le gusta hablar con empresarios e inversionistas en bienes raíces acerca de las ventajas de crear entidades de negocios. Es un orador frecuente ante grupos de empresarios y también es uno de los autores de la serie Advisors, de Padre Rico.

Garrett es miembro del Consejo de la Fundación Estadunidense de Beisbol, ubicada en Birmingham, Alabama, de la Fundación Sierra Kids y del Museo de Arte de Nevada, ambos con sede en Reno.

Para mayor información sobre Garrett Sutton y el Sutton Law Center, visite sus sitios web www.sutlaw.com, www.corporatedirect.com, y www.successdna.com.

Referencias y Recursos

**Si deseas encontrar información adicional,
te recomendamos los siguientes sitios web:**

Libros e Información para Inversionistas y Emprendedores

www.RDAPress.com

Bienes Raíces

www.Ken.McElroy.com

www.mccompanies.com

Protección de Activos y Formación de SRLs

www.sutlaw.com

www.corporatedirect.com

Planeación Fiscal

www.TaxFreeWealthBook.com

Estrategias de Ventas

www.salesdogs.com

La Compañía Padre Rico

www.RichDad.com

Notas

Otros libros de
Garrett Sutton, Esq.

Inicie su propia corporación
*Por qué los ricos tienen sus propias corporaciones y todos
los demás trabajan para ellos*

Cómo diseñar planes de negocios exitosos
*Cómo preparar un plan de negocios que los inversionistas lean
e inviertan en él*

Comprar y vender un negocio
Cómo ganar en el sector de los negocios

El ABC para salir de las deudas
Convierta su deuda mala en deuda buena y el crédito malo en crédito bueno

Administre su propia corporación
*Cómo operar legalmente y mantener de manera correcta su
propia compañía mirando hacía el futuro*

Las lagunas de los bienes raíces
Los secretos de las inversiones exitosas en bienes raíces

• • • • • • • • • • • • •

Cómo utilizar Compañías de Responsabilidad Limitada & Sociedades Limitadas
*Sacar el mayor provecho de tu estructura legal
(el libro del ADN del éxito)*

Blinde su Corporación, Compañía de Responsabilidad Limitada y Sociedad Limitada
*Cómo Levantar y Mantener el Velo Corporativo de Protección
(un libro Corporate Direct)*

Las herramientas para Empezar un Negocio
Una Guía Completa para Nuevos Empresarios

(un libro Corporate Direct)

¿Cómo puedo proteger mis activos personales, de negocios y bienes raíces?

Para información sobre cómo formar corporaciones, sociedades de responsabilidad limitada y sociedades en comandita para proteger sus posesiones de bienes muebles, bienes raíces y sus negocios en los 50 estados, visite la página web de Corporate Direct:

www.CorporateDirect.com

llame completamente gratis: 1-800-600-1760

Tenemos agentes que hablan español y le ayudaran a formar la entidad que mejor se adapte a sus necesidades.

Mencione este libro y reciba un descuento en la tarifa de su formación básica.

Para mayor información acerca de Garrett Sutton y su firma de abogados, visite www.sutlaw.com

Para mayor información, gratuita, acerca de herramientas y recursos para empresarios, visite: www.successdna.com

Notas

Asesores Padre Rico

La serie de libros de Asesores Padre Rico fue creada para distribuir la guía práctica para respaldar las series de bestsellers internacionales de Robert Kiyosaki: *Padre Rico Padre Pobre* y las series de libros Padre Rico. En *Padre Rico Padre Pobre*—el libro #1 de todos los tiempos para las finanzas personales—Robert presentó la fundación del método y las filosofías de Padre Rico y preparó el camino para sus mensajes que han cambiado la forma en que el mundo piensa sobre el dinero, los negocios y las inversiones.

La serie de libros Asesores Padre Rico ha vendido más de 2 millones de copias a nivel mundial y RDA Press, la editorial exclusiva de la serie Asesores Padre Rico y el licenciante de los derechos internacionales de la serie, lanzarán varios libros que ampliarán el ámbito y la profundidad de la serie.

Padre Rico Padre Pobre representa el libro más exitoso de nuestra generación sobre las finanzas personales. Durante los últimos 15 años, sus mensajes han inspirado a millones de personas y ha impactado las vidas de decenas de millones de personas en más de 100 países alrededor del mundo. Los libros Padre Rico continúan en las listas internacionales de bestsellers porque sus mensajes continúan resonando para los lectores de todas las edades. *Padre Rico Padre Pobre* ha tenido éxito en disipar la confusión, miedo, y frustración sobre el dinero y lo ha reemplazado con claridad, realidad, y esperanza para cada persona que esté dispuesta a comprometerse al proceso de convertirse financieramente educada.

Para cumplir la promesa de alcanzar libertad y aptitud financiera, Robert Kiyosaki reunió su propio equipo de asesores de confianza, expertos en sus respectivos campos, para entregar la serie de libros y programas con instructivos que lleva el mensaje de Padre Rico a las calles del mundo y da a cada lector el proceso de cómo lograr ingresos y riqueza en los negocios, las inversiones y los emprendimientos.

RDA Press es impulsado por varios asesores del Sr. Kiyosaki, quienes se han comprometido a tomar el mensaje de Padre Rico, convertirlo en aplicaciones prácticas y asegurarse que estos procesos lleguen a las manos de aquellos que busquen educación financiera y libertad financiera.

La serie suministra procedimientos prácticos y comprobados para tener éxito en las áreas de finanzas, impuestos, emprendimientos, inversiones, propiedades, deudas, el manejo de sus posesiones, y desarrollo personal y empresarial. Tres de estos consumados asesores—Blair Singer, Garrett Sutton, y Ken McElroy—son la fuerza impulsora detrás de RDA Press.

RDA Press está orgulloso de asumir la labor de editorial de la serie Asesores Padre Rico y perpetuar una serie de libros que ha vendido millones de copias a nivel mundial y aún más importante, ha ayudado a docenas de millones en su paso hacia la libertad financiera.

Los libros de mayor venta en la serie Asesores Padre Rico

por Blair Singer

Vendedores Perros
No necesitas ser un perro de ataque para tener éxito en las ventas

El Código de Honor de un Equipo
Los Secretos de los Campeones en el Negocio y en la Vida

por Garrett Sutton, Esq.

Inicie Su Propia Corporación
*La razón porque los ricos tienen sus propias empresas
y los demás trabajan para ellos*

Como Diseñar Planes de Negocios Exitosos
*Cómo preparar un plan de negocios para que inversionistas
lo lean e inviertan en él*

Cómo Comprar y Vender un Negocio
Aprende a Ganar en el Cuadrante de Negocios

El ABC Para Salir de las Deudas
Convierta su deuda mala en deuda buena y el crédito malo en crédito bueno

Dirige Tu Propia Corporación
*Cómo Operar Legalmente y Cuidar de Forma Adecuada Tu
Compañía hacia el Futuro*

por Ken McElroy

El ABC de la Inversión en Bienes Raíces
*Los Secretos para Encontrar Ganancias Ocultas que Desconocen
la Mayoría de los Inversionistas*

El ABC de la Administración de Propiedades
Todo lo que Necesitas Saber para Maximizar Tu Dinero ¡Ahora!

Guía Avanzada para Invertir en Bienes Raíces
Cómo Identificar los Mercados Más Calientes y Asegurar las Mejores Ofertas

por Tom Wheelwright

Riqueza Libre de Impuestos
*Cómo construir riqueza masiva mediante la reducción
permanente de tus impuestos*

por Josh and Lisa Lannon

El Capitalista Social
El viaje del emprendedor—De la pasión a las ganancias

por Andy Tanner

El Flujo de Efectivo del Mercado de Valores
Los Cuatro Pilares de la Inversión para Prosperar en los Mercados Actuales